A MULHER A QUEM Jesus ENSINA

Publicações
Pão Diário

A MULHER A QUEM Jesus ENSINA

Mulheres do Novo Testamento que a inspiram a fazer escolhas

ALICE MATHEWS

A WOMAN JESUS CAN TEACH:
New Testament Women Help You Make Today's Choices
by Alice Mathews
Copyright © 2015 Ministérios Pão Diário
Todos os direitos reservados.

Coordenação editorial: Dayse Fontoura
Tradução: Renata Balarini
Revisão: Dayse Fontoura, Thaís Soler, Lozane Winter
Projeto gráfico e capa: Audrey Novac Ribeiro

Dados Internacionais de Catalogação na Publicação (CIP)

Mathews, Alice
A mulher a quem Jesus ensina — Mulheres do Novo Testamento que a inspiram a fazer escolhas
Tradução: Renata Balarini
Curitiba/PR, Publicações Pão Diário

Título original: *A woman Jesus can teach*

1. Fé;   2. Vida cristã;   3. Confiança;   4. Mulheres

Proibida a reprodução total ou parcial, sem prévia autorização, por escrito, da editora.

Todos os direitos reservados e protegidos pela Lei 9.610, de 19/02/1998.

Exceto quando indicado no texto, os trechos bíblicos mencionados são da edição Revista e Atualizada de João Ferreira de Almeida © 1993 Sociedade Bíblica do Brasil.

Publicações Pão Diário
Caixa Postal 4190,
82501-970 Curitiba/PR, Brasil
publicacoes@paodiario.org
www.paodiario.org
Telefone: (41) 3257-4028

Código: SX396
ISBN: 978-1-68043-179-7

1.ª edição: 2015 • 5.ª impressão: 2022

Impresso na China

Para Susan, Karen, Kent e Cheryl, os quatro presentes de Deus cuja integridade me desafia e o amor me sustenta.

SUMÁRIO

Introdução 9

Começando
Como ser uma discípula do Mestre dos mestres 13

Maria
Como se relacionar com a família da fé......................... 21

A mulher junto ao poço
Como ver-se "tal como é" 33

Maria e Marta
Como viver de modo bem-sucedido
em dois mundos 51

Marta e Maria
Como nutrir esperança em tempos de perda 63

A mulher siro-fenícia
Como alcançar fé nas crises da vida............................... 77

A mulher com fluxo de sangue
Como encontrar Jesus em meio a dor 89

Duas viúvas
Como ofertar e receber generosamente 101

A mulher pecadora
Como cultivar uma atitude de gratidão....................... 113

A mulher surpreendida em adultério
Como responder ao Deus da segunda chance............. 123

Maria de Betânia
Como fazer de Jesus a sua prioridade 133

Maria Madalena
Como caminhar por fé, não por vista......................... 143

INTRODUÇÃO

QUANDO CRIANÇA, numa aula da escola dominical, aprendi as histórias sobre Jesus — como Ele andou por sobre as águas e acalmou o mar, como Ele curou os enfermos e ressuscitou os mortos, como Ele alimentou pessoas famintas e expulsou os comerciantes fraudulentos do templo. Antes que eu pudesse ler suficientemente bem para acompanhar o hinário, já tinha aprendido a cantar

Maravilhoso Senhor Jesus, governas toda a natureza
Tu és Filho de Deus e Filho do Homem:
Quero te amar, quero te honrar
Da minha alma tu és a glória, alegria e fortaleza (Tradução livre).

A primeira linha fez sentido para mim: Jesus era aquele que incansavelmente realizava milagres e tinha o controle sobre toda a natureza. A segunda linha, eu vagamente compreendia, mas estava aprendendo que o maravilhoso ser humano Jesus também era Deus. As duas últimas linhas formavam uma resposta para Jesus Cristo que até eu como criança podia sentir, apesar de não saber ao certo o que "Da minha alma tu és a glória, alegria e fortaleza" significava.

Em algum lugar nos anos que se passaram, perdi de vista o Jesus dos evangelhos. O Seu lugar foi tomado por um Cristo mais abstrato cuja perfeição o tiraram do meu dia a dia. A maioria dos livros que li e sermões que ouvi giravam em torno do Antigo Testamento e das epístolas. Se eles passassem pelos evangelhos, seria apenas para uma visita

Introdução

rápida aos dois tópicos igualmente relevantes à salvação: a encarnação e a expiação substitutiva de Cristo. Tudo que estava no meio não foi visto. O Jesus dos evangelhos foi teologizado numa doutrina pura, colocado entre Deus e o Espírito Santo. Embora eu orasse em nome de Jesus e conduzisse não-cristãos em passeios evangelísticos sobre a obra redentora de Jesus em Sua morte na cruz, não achava a pessoa de Cristo particularmente relevante para minha vida.

Comecei, em 1974, uma jornada semanal de três anos pelo evangelho de João com um grupo de universitários em Viena, na Áustria. A primeira parte do capítulo 1 relacionava-se ao Jesus que eu mais tinha estudado: a Palavra eterna por meio de quem todas as coisas foram criadas. Ensinar isto, deixou-me confortável num terreno conhecido. Este era o conteúdo da maioria dos meus estudos. Mas ao adentrarmos à vida terrena de Jesus e Seu ministério, senti-me cada vez menos à vontade com o Jesus que conheci no evangelho de João. Eu queria que os universitários em minha classe adorassem esse Jesus e entregassem suas vidas a Ele. Mas Ele disse e fez coisas estranhas. Deu a impressão de ser rude com Sua mãe. Parecia não se importar se os líderes religiosos gostassem ou não dele. O Jesus manso, humilde e bondoso quase parecia gostar de irritar as pessoas e desnecessariamente ostentar convenções.

Como professora de matérias bíblicas, senti-me presa entre meu compromisso de honrar a integridade das Escrituras e o meu desejo de encobrir as coisas perplexas na vida de Jesus que poderiam ofender os novos convertidos ou não-cristãos em minha classe. Neste processo, tive que lidar com sentimentos não reconhecidos sobre o tipo de pessoa que pensava que Jesus deveria ter sido. Nas páginas do evangelho de João, conheci o Homem que não se comportava da maneira que eu acreditava que o Cristo espiritual, enaltecido nas epístolas se comportaria.

Começou então o que se tornou para mim um fascínio constante por Emanuel, Deus em carne, o Jesus que andou pelas estradas poeirentas e caminhos montanhosos da Palestina. Quando comecei a trabalhar nesta série de estudos, primeiro para uma classe e em seguida, para publicação, senti-me profundamente sensibilizada pelas palavras e atitudes do Deus-Homem registradas para nós por Mateus, Marcos, Lucas e João. Em alguns momentos, à medida que escrevia estes capítulos, fui tomada por fortes emoções de tristeza, raiva, amor e alegria. Encontrei novamente e fui atraída em amor pelo Salvador do mundo, que se tornou o Salvador pessoal de homens e mulheres. Encontrei um Homem cheio de compaixão por mulheres presas ao "arame farpado" da vida. Fiquei sem fôlego enquanto Ele desafiou a convenção e correu um grande risco para oferecer esperança, nova vida ou uma segunda chance às mulheres desprezadas e reduzidas a pó sob os pés dos insensíveis líderes religiosos. No processo, experimentei uma nova perspectiva nas palavras descritivas de Pedro:

...a quem, não havendo visto, amais; no qual, não vendo agora, mas crendo, exultais com alegria indizível e cheia de glória, obtendo o fim da vossa fé: a salvação da vossa alma (1 PEDRO 1:8,9).

Se eu puder desejar algo para quem lê este livro, seria que Jesus Cristo saia destas páginas, entre em sua vida com Seu maravilhoso amor que assume riscos a fim de que você não queira nada mais além de segui-lo e aprender dele todos os dias de sua vida.

Começando

COMO SER UMA DISCÍPULA DO MESTRE DOS MESTRES

MEU MARIDO E EU VOLTAMOS a morar nos Estados Unidos, em 1980, depois de quase duas décadas de trabalho missionário no exterior. Uma das primeiras coisas que me surpreendeu quando nos estabelecemos na versão americana da comunidade cristã foi a forte ênfase no discipulado. Parecia que cada cristão que conhecíamos estava ou discipulando um novo convertido ou sendo discipulado por um cristão mais maduro na fé.

As mulheres mais novas se aproximavam de mim e requisitavam que eu as discipulasse. Os pedidos que faziam davam a sensação de algo programado, combinado de antemão. Eu detestava admitir, mas não tinha ideia do que eu deveria fazer. Então, eu ouvia, fazia perguntas e lia livros. Descobri uma explosão de literatura sobre como discipular e ser discipulado.

Muito do que descobri, no entanto, era dirigido por fórmulas: faça estas cinco coisas nesta ordem e você automaticamente será o cristão maduro que Deus deseja. Pareciam perfeitas e eficientes; e nós gostamos das coisas desta maneira. Se pudermos reduzir um processo a uma fórmula (preferencialmente uma que use o som das sílabas ou formem siglas) conseguiremos nos convencer de que temos este processo sob controle.

Em muitas áreas da vida, isso funciona. As fórmulas realmente mantêm alguns processos sob controle. Toda receita é uma fórmula: pegue estes ingredientes nestas proporções, combine-os neste jeito e *voilà*! Você terá uma broa de milho ou uma carne assada ou um mousse de chocolate. Qualquer mulher que entra na cozinha para preparar uma refeição trabalha com fórmulas. Ou ela já as conhece de cabeça ou sabe onde encontrar as que pretende usar. Quando cozinhamos por um bom tempo, não precisamos pegar livros de receitas toda vez que fazemos um molho ou uma torta.

Para aprender a cozinhar bem, começamos seguindo cuidadosamente fórmulas (receitas). À medida que nos tornamos mais habilidosas, podemos alterar as fórmulas de acordo com nosso próprio gosto. Mas, quer tenhamos cinco livros de receita bem usados abertos na bancada toda vez em que preparamos uma refeição, quer desenvolvamos experiências de culinária acumuladas ao longo dos anos, estamos combinando certos ingredientes em certas proporções de certa maneira. Estamos usando fórmulas. Bons e maus cozinheiros usam fórmulas do mesmo jeito. Eles simplesmente diferem nas fórmulas que usam ou no jeito de usá-las.

Discipular é igual a cozinhar? Será que eu posso ter a garantia de que, se combinar certos ingredientes (participar de um grupo de estudos bíblicos, passar determinada quantidade de tempo em oração diária, frequentar três cultos por semana, testemunhar para não-cristãos em determinados horários) em certas proporções e de certa maneira, serei uma cristã madura?

Para encontrar esta resposta, decidi seguir Jesus Cristo pelos quatro evangelhos e observar o que o Mestre em discipular disse àqueles que o seguiam como discípulos. Descobri que Seu contato com homens e mulheres parecia não seguir qualquer fórmula especial. Ele não é, nas palavras de C. S. Lewis, "um leão domesticado". Jamais parecia aproximar-se das pessoas da mesma maneira duas vezes. Ele adaptava Seu método às necessidades únicas de cada pessoa.

Jesus saiu de Seu percurso para encontrar uma mulher samaritana apreensiva ao iniciar uma conversa que a levaria e a muitos de seu vilarejo à fé. Ele também se distanciou de Sua mãe para levá-la a um relacionamento diferente com Ele. Testou uma mulher siro-fenícia, ao recusar o seu pedido como uma forma de conduzi-la a uma grande fé, mas derramou graça abundante voluntariamente a uma viúva cujo filho tinha morrido. Às vezes, Ele falava por parábolas àqueles que buscavam respostas; outras vezes, respondia as perguntas que as pessoas nem tinham feito. Recusou-se a apoiar o pensamento de Marta sobre o que Maria deveria fazer, assim como se recusou a responder à pergunta de Pedro sobre a tarefa que Ele daria a João.

Pensei nas dezenas de mulheres com quem eu tinha trabalhado na Europa. Quer separadamente ou em pequenos e grandes grupos, essas mulheres eram únicas. Cada uma trouxe seu histórico de vida, seus próprios medos e sonhos, sua bagagem de vida cristã. Eu posso comprar uma dúzia de ovos e supor que todos eles sejam iguais e agirão da mesma forma em um "bolo dos anjos". Porém, não posso presumir que 12 mulheres colocadas juntas num grupo de estudo bíblico reagirão da mesma maneira.

Programas de discipulado padronizados lembram-me da quase impossibilidade de duas mulheres — uma manequim 42 e a outra 52 — compartilhando o mesmo vestido tamanho 46. Sem um número considerável de ajustes ao tamanho, nenhuma dessas mulheres teria o vestido adequado a si.

Nenhuma de nós é igual à outra. Não apenas temos alturas, pesos e cores de cabelo diferentes, mas nos diferenciamos em interesses, dons e habilidades. Assim como Jesus moldava Sua reação aos indivíduos com base nas necessidades específicas de cada um, assim aprendemos a seguir o Mestre como discípulas com suas individualidades.

Na época em que eu fui criada, as pessoas tinham de saber o tamanho das meias que usavam. Na atualidade, porém, podemos comprar aquelas de tamanho único, que se ajustam a todos. Não temos mais que nos lembrarmos de tamanhos de meias, porém seguir Jesus não é como comprar um par de meias. Não existe tamanho único.

Ao contrário, é mais como uma tapeçaria que teci muitos anos atrás. Eu tinha visto a foto dessa peça numa revista e consegui imaginá-la sob nossa mesa de café na sala de estar. Com 1,80 m de diâmetro, era uma flor redonda com porções de pétalas ovais em tons de azul e verde. O que me impressionou foi que, embora os contornos gerais das pétalas fossem parecidos, não havia duas pétalas iguais. Ainda que tivessem tamanho semelhante, eram completamente diferentes na cor ou no tom. Era essa variedade que dava à tapeçaria sua vitalidade.

À medida que nos evangelhos eu via Jesus estender Sua mão e tocar mulheres e homens individualmente, descobria que Deus sempre trabalha com originais, não com cópias. Quem poderia duvidar da originalidade de Maria Madalena ou de Marta e de sua irmã Maria? Como as pétalas do tapete que teci, não havia duas pessoas iguais.

Isso não quer dizer que Jesus não tenha objetivos específicos para aqueles que o seguem. Ele fez seis declarações que nos ajudam a reconhecer Seus discípulos quando os vemos. Lucas registra *três condições* que Jesus estabeleceu para Seus seguidores: "Se alguém vem a mim e não aborrece a seu pai, e mãe, e mulher, e filhos, e irmãos, e irmãs e ainda a sua própria vida, não pode ser meu discípulo" (14:26); "E qualquer que não tomar a sua cruz e vier após mim não pode ser meu discípulo" (v.27); "Assim, pois, todo aquele que dentre vós não renuncia a tudo quanto tem não pode ser meu discípulo" (v.33). João então nos dá *três evidências* de um discípulo: "...Se vós permanecerdes na minha palavra, sois verdadeiramente meus discípulos" (8:31); "Nisto conhecerão todos que sois meus discípulos: se tiverdes amor uns aos outros" (13:35); "...que deis muito fruto; e assim vos tornareis meus discípulos" (15:8).

A lista de requisitos para os discípulos é intimidadora. Parece que Jesus elevou mais o padrão do que qualquer uma de nós poderia alcançar. Não apenas devemos ser fiéis aos Seus ensinamentos, amar uns aos outros e dar muito fruto, mas também devemos abrir mão de tudo, carregar nossa cruz e colocar todos os relacionamentos humanos em segundo lugar para seguir a Jesus. Não é de se admirar que "…muitos dos seus discípulos o abandonaram e já não andavam com ele" (JOÃO 6:66).

Atender aos requisitos de tal lista seria quase impossível se ser um discípulo fosse nada mais do que uma fórmula, um conceito abstrato. É difícil abrir mão de tudo por uma abstração. Mas Jesus não nos pede para abrir mão de tudo por uma abstração. Ele nos convida para um relacionamento que muda tanto nossas prioridades, que o que antes era muito importante para nós, importa menos agora.

A palavra *discípulo* vem do termo grego *mathetes*, que significa "aprendiz". É o que somos: aprendizes. Mas somos de um tipo especial. Posso estudar francês na escola sem ter um relacionamento com o professor. Mas não posso observar a vida cristã como discípula sem ter um relacionamento íntimo com seu fundador. É por isto que o discipulado como algo abstrato não se encaixa em fórmulas destinadas a contê-lo. Relacionamentos que mudam a vida são dinâmicos, não estáticos. São vivos.

Quando Jesus sai das páginas de Mateus, Marcos, Lucas e João e entra na minha sala de estar, eu tenho de lidar com a pessoa dele. O Senhor não é algum personagem nebuloso da história. Também não é um conjunto de ensinamentos encontrado no Sermão do Monte. Ele está vivo e está dinamicamente envolvido na construção de um relacionamento comigo. Eu devo saber quem Ele é e o que quer de mim. Mais do que as informações factuais sobre Ele, devo também me familiarizar com Jesus e sentir o que esperar dele. Porque Jesus está vivo, não morto, e porque se relaciona comigo, não posso colocar este relacionamento numa caixa ou esperar que se desenvolva de acordo com alguma fórmula.

O que um relacionamento faz por nós que fatos ou uma fórmula não conseguem fazer? Os melhores relacionamentos têm diversas características em comum. A primeira é que nos interessamos por aquilo que interessa a nossa amiga. O que importa para ela, de repente importa muito para nós. Descobrimos que temos uma curiosidade sobre as coisas que ela gosta que não tínhamos pensado anteriormente.

Outra característica de um relacionamento importante é a forte afeição. Temos tanta alegria na presença de nossa amiga que queremos passar o maior tempo possível com ela. Nosso coração está entrelaçado em amor ao dela. Esse é um vínculo mais poderoso do que quaisquer exigências que alguma de nós possa impor ao relacionamento.

Uma terceira característica é a confiança. Saímos do nosso caminho para merecer a confiança de nossa amiga, e oferecemos a confiança em troca. De todas as características do bom relacionamento, esta é a mais frágil. A confiança é lenta para se construir e rápida para se destruir. Mas, quando está presente, forma uma ponte robusta sobre a qual podemos transportar qualquer coisa.

Quando conhecemos Jesus e percebemos que Ele é completamente digno de confiança, descobrimos que podemos nos segurar aos Seus ensinamentos. Quando aceitamos que somos amadas por Ele sem quaisquer condições, é mais fácil amar os outros. Quando o que importa para Ele também for importante para nós, nem sequer notaremos quando outros relacionamentos e tudo o que possuímos ocuparem o segundo lugar em nossa vida. Então, o que parecia um padrão inalcançável passará a ser um padrão completamente viável. É um caminho para o alegre serviço ao nosso Senhor e Salvador, Jesus Cristo.

Não existe tal coisa como o discipulado abstrato. Há apenas discípulos, homens e mulheres como indivíduos que Jesus encontrou e cuja a vida Ele vem transformando. Jesus trabalha com pessoas, e não com conceitos.

Este livro não é sobre seis princípios do discipulado. É sobre as mulheres que Jesus encontrou — num poço, no pátio do templo, no mercado, fora do portão da cidade. Estas mulheres encontraram alguém que mudou suas vidas por meio de Seu interesse e amor incondicional demostrados a elas, e pelo fato de Ele ser confiável. Seu amor permitiu que uma pecadora expressasse grande amor. Seu interesse impulsionou uma samaritana a dar muito fruto. Sua confiabilidade estimulou Maria Madalena a abrir mão de tudo e a seguir seu libertador. Eram mulheres comuns que conheceram uma pessoa fora do comum. Elas o seguiram, e a vida de cada uma delas nunca mais foi a mesma.

O que parece difícil, até mesmo impossível no abstrato, torna-se espontaneamente possível, até fácil quando nos movemos para um relacionamento de amor e confiança com o Deus Filho. Este livro é para e sobre as mulheres que querem amar e servir a Jesus Cristo, que desejam ser Suas discípulas.

Questões para reflexão pessoal ou grupo de estudo

1. Como você se sente em relação às características de um discípulo como Jesus descreveu?

2. Qual delas você acha que seria a mais difícil para você?

3. Em que aspectos um relacionamento muda a maneira como você pode enxergar estas características?

4. Como você se sente com relação à sua própria originalidade ou singularidade como seguidora de Jesus Cristo?

Reflexão pessoal

Maria

COMO SE RELACIONAR COM
A FAMÍLIA DA FÉ

AGORA QUE NOSSOS FILHOS constituíram suas próprias famílias, Randall e eu temos passado pelas difíceis transições relacionadas a aprender a nos relacionarmos com eles como adultos. Não podemos mais ser responsáveis por eles. Não escolhemos seus brinquedos, os alimentos que ingerem, as roupas que vestem ou os amigos que têm. Qualquer que seja a influência que possamos exercer sobre eles hoje, não pode ser algo coercivo. Eles podem escolher ouvir-nos porque nos honram ou porque temos o conhecimento que eles desejam ter. Mas ouvir-nos é escolha deles e não nossa. Isto requer uma mudança interessante na forma como conversamos e nas expectativas que temos.

Essas mudanças no relacionamento na família podem gerar tensão para todos nós. Como pais, sabemos conscientemente que precisamos deixá-los partir e incentivar sua independência. Agora, fazer isso com consistência é outra coisa. Nós nos sentimos responsáveis, e nossos instintos protetores interferem no que sabemos que devemos fazer.

Durante tais momentos, podemos nos sentir como se estivéssemos andando nas pontas dos pés por um campo minado. Mas as transições que fazemos à medida que nossos filhos atingem a fase adulta são insignificantes comparadas à transição feita por uma mulher que conhecemos nos evangelhos. O nome dela é Maria, a mãe do nosso Senhor Jesus Cristo.

Estamos familiarizadas com a dramática história do encontro surpreendente de Maria com o anjo Gabriel no qual ela concordou em tornar-se a mãe do Messias. Conhecemos a história do nascimento de Jesus numa inóspita manjedoura em Belém. Ouvimos sobre os pastores que foram adorá-lo e o céu cheio de anjos anunciando o nascimento de Cristo. À luz de tudo isto, presumimos, de alguma maneira, que uma mulher trazendo um bebê tão especial ao mundo fosse poupada da angústia que nós, pais comuns, enfrentamos. Entretanto, Maria se deparou com uma transição ainda mais difícil do que a que você e eu enfrentamos quando nossos filhos amadurecem. Ela teve de aprender a se relacionar de uma nova maneira com seu filho Jesus — não apenas como adulto, mas como Deus. Seu papel de mãe teve de abrir caminho para a nova função de discípula ou seguidora de Jesus Cristo.

As coisas que aconteceram para Maria passar ao discipulado foram tão importantes que os autores dos quatro evangelhos nos dão fragmentos e porções dos fatos. Um incidente particularmente doloroso é registrado em Mateus, Marcos e Lucas. Eis a versão de Marcos:

Então, ele foi para casa. Não obstante, a multidão afluiu de novo, de tal modo que nem podiam comer. E, quando os parentes de Jesus ouviram isto, saíram para o prender; porque diziam: Está fora de si (3:20,21).

Isso começou com os rumores que o povo de Nazaré continuava ouvindo sobre Jesus. Algumas pessoas diziam que Ele estava fora de si. Outros que Ele fazia Sua obra pelo poder de Belzebu, o príncipe dos demônios. Ainda, outras simplesmente diziam que Ele não estava descansando o suficiente, nem tinha tempo para se alimentar. Maria e seus filhos concordavam com o fato de que Jesus acabaria morrendo se ninguém cuidasse dele. Eles conversaram sobre isso na família e decidiram levá-lo de volta a Nazaré. Eles o manteriam longe da vista das pessoas por um tempo e se certificariam de que Ele estava dormindo o suficiente e comendo nos horários adequados. Assim, partiram para a cidade onde Ele estava ensinando.

A preocupação deles com a saúde de Jesus não era inapropriada. As pessoas necessitadas que buscavam por Seu toque em suas vidas o comprimiam em todos os lugares por onde Ele ia. Desesperados e com dor, homens e mulheres o apertavam de todos os lados. O Senhor e Seus discípulos tentavam retirar-se das multidões que os empurravam, mas até numa casa particular eles estavam tão cercados que não conseguiam comer. A narrativa de Marcos 3:31-35 resume a situação:

Nisto, chegaram sua mãe e seus irmãos e, tendo ficado do lado de fora, mandaram chamá-lo. Muita gente estava assentada ao redor dele e lhe disseram: Olha, tua mãe, teus irmãos e irmãs estão lá fora à tua procura. Então, ele lhes respondeu, dizendo: Quem é minha mãe e meus irmãos? E, correndo o olhar pelos que estavam assentados ao redor, disse: Eis minha mãe e meus irmãos. Portanto, qualquer que fizer a vontade de Deus, esse é meu irmão, irmã e mãe.

"Quem é minha mãe e meus irmãos?" Que pergunta a se fazer! Como Maria deve ter se sentido naquele momento — depois de todos aqueles anos de amor e cuidado pelo filho, desde a infância até o início da fase adulta, ser rejeitada assim? Ela tinha arriscado sua reputação para trazê-lo ao mundo. Ela tinha trabalhado incansavelmente durante Sua meninice para educá-lo com responsabilidade. Agora, ela o ouvia perguntar: "Quem é minha mãe?" e era obrigada a reconhecer que, para Ele, os laços familiares não eram tão fortes quanto ela pensava.

De todos os relacionamentos humanos, poucos são mais profundos do que o vínculo entre mãe e filho. Quando vivenciamos a maternidade, nos tornamos parceiras de Deus na criação, na atividade de trazer nova vida ao mundo. Poderia outro elo ser mais forte do que esse?

Maria era completamente humana. Ela deve ter lutado com a humilhação desta rejeição. Se tivéssemos caminhando de volta a Nazaré com ela depois desse doloroso encontro, poderíamos tê-la visto fechar os olhos e balançar a cabeça como se apagasse esta nova realidade. Não podia ser verdade. Este filho especial, o único sobre o qual o anjo dissera que seria grande e chamado o Filho do Altíssimo, que ocuparia o trono de Seu pai Davi — certamente, este filho não daria as costas à mãe!

Mas o que o idoso Simeão lhe disse naquele dia no templo de Jerusalém quando ela e José haviam levado o bebê Jesus para a Sua dedicação? Ele não lhe dissera que, por causa deste filho, uma espada lhe transpassaria a alma? Não era sobre isto que ele estava falando? Será que alguma coisa poderia doer mais do que ser publicamente rejeitada pelo filho mais velho?

À medida que caminhava pela estrada poeirenta rumo a Nazaré, Maria pode ter remoído mentalmente aqueles primeiros entusiásticos meses de gravidez passados na Judeia com sua prima Isabel. Durante aqueles três meses, as duas eram amigas íntimas que comparavam impressões sobre os bebês que cada uma delas esperava. Com a voz abafada, elas tinham vasculhado suas lembranças das visitas angelicais. Como seria possível que Deus a tivesse escolhido como a pessoa por meio da qual manteria Sua promessa para Israel?

Então, passado os primeiros meses, era o momento de Maria voltar a Nazaré e lidar com os olhares e as fofocas do povo da cidade. Como seria difícil explicar aquilo ao seu noivo, José. E se ele se recusasse a acreditar em sua história sobre a visita do anjo? Por meio de um sonho, Deus já tinha convencido José a arriscar a própria reputação e se casar com ela.

Maria se lembrou do peso da gravidez durante aquela desconfortável viagem de Nazaré a Belém. Ela recuou diante da lembrança das palavras do dono da hospedaria — "A hospedaria está cheia. Não temos quarto para mais ninguém." Ela sentiu de novo a exaustão daquele nascimento acomodada em um amontoado de palha num estábulo. Muito em breve, ela e José estariam aprontando filho e fazendo outra incômoda viagem, dessa vez rumo ao sudoeste, para o Egito.

Quando José tinha falado em voltar para Nazaré depois que Herodes morrera, Maria soube que ela enfrentaria as pessoas da cidade que nunca acreditaram na história do anjo e do nascimento virginal. Ela simplesmente teria de cerrar os dentes e ignorar os sorrisinhos maliciosos e os comentários grosseiros. Mas ela conseguiria. Afinal de contas, tinha ouvido Simeão louvando a Deus quando segurou seu filho nos braços: "...porque os meus olhos já viram a tua salvação, a qual preparaste diante de todos os povos: luz para revelação aos gentios, e para glória do teu povo de Israel" (LUCAS 2:30-32). Maria sabia que o filho dela nascera para a grandeza. Sabia que Ele fora enviado para a libertação de Israel. Ela conseguiria ignorar as fofocas!

É claro que houvera aquela cena preocupante no templo quando Jesus tinha 12 anos (LUCAS 2:41-52). Era como se a ponta da espada que Simeão previra atravessasse sua alma. Eles haviam levado Jesus naquela caminhada de 113 km de Nazaré a Jerusalém para a Festa da Páscoa. Ela sentira a empolgação de rever a Cidade de Davi, suas muralhas de um branco dourado sob a luz do sol da primavera. Ela tinha ficado diante do Pátio das Mulheres impressionada com o fato de Deus ter escolhido o seu povo para ser uma luz aos gentios. Emocionou-se com o esplendor e o simbolismo da Festa da Páscoa. Toda vez que atravessava as portas do templo, experimentava a emoção de ser judia e ser capaz de adorar ao Deus de Israel.

Muito em breve, seria tempo de fazer uma longa viagem de volta a Nazaré. Ela revivia o pânico que sentira na primeira noite da jornada de volta para casa, quando eles não conseguiam encontrar Jesus entre as crianças na caravana. Ela experimentava de novo o peso no coração que sentira quando ela e José nervosamente bombardearam outros peregrinos com suas perguntas. Onde Jesus poderia estar? Repetindo a escalada, eles haviam reconstituído seus passos rumo a Jerusalém, onde procuraram, durante três longos dias, seu garoto de 12 anos. Que alívio quando finalmente o encontraram no templo conversando com os mestres da Lei! Ela se lembrou da primeira pergunta que saiu de sua boca: "Filho, por que você nos trata assim? Seu pai e eu estivemos preocupados à sua procura!"

Mas a resposta dele a afligiu. "Por que vocês estavam me procurando? Vocês não sabiam que eu devo cuidar das coisas do meu Pai?" O que Ele poderia estar dizendo com aquilo? Ele não compreendia que, como pais, eles tinham o direito de estar preocupados? Este filho que lhes dava tanto amor e alegria era, outras vezes, um enigma. Eles sempre subestimavam Sua obediência. Quem era este Pai de quem Ele tanto falava? Quando o anjo disse que Ele seria chamado Filho do Altíssimo, será que ele estava dizendo à Maria que Jesus jamais seria simplesmente filho deles?

Então, muito em breve, o menino Jesus não seria mais um menino. Ele deixara a carpintaria de Nazaré e vestira a túnica branca de rabi, de mestre. Agora, ela ouvia histórias que chegavam a Nazaré e que faziam a difamação que ela suportara durante Sua infância parecer insignificante. As pessoas estavam dizendo que seu filho estava fora de si! Até seus outros filhos pensavam que isso era verdade.

Enquanto Maria andava penosamente pela estrada poeirenta rumo a Nazaré depois daquele encontro doloroso com seu filho primogênito, ela pode ter relembrado palavras dele na cerimônia de casamento em Caná (JOÃO 2:1-11). O vinho acabara. Quando ela contou a Jesus a respeito do constrangimento do noivo, Ele se virou para ela, Sua mãe, e perguntou: "Mulher, que tenho eu contigo?" Aquilo doera! Ela tentara tirar essa cena da cabeça na época. Mas agora surgia outra pergunta dolorosa: "Quem é minha mãe?"

Naqueles momentos, enquanto ela esperava fora da casa onde Jesus estava ensinando, Maria deve ter sentido o peso completo da rejeição quando Jesus respondeu à Sua própria pergunta: "Quem é minha mãe?" — "qualquer que fizer a vontade de Deus, esse é meu irmão, irmã e mãe".

Aproximando-se de Nazaré, seus passos tornavam-se mais pesados à medida que ela revivia a dor das palavras do Messias. Se alguém tinha uma reclamação em relação a Ele, com certeza esse alguém era ela! O difícil caminho do discipulado significava para Maria pôr de lado seu relacionamento especial com Jesus, como Sua mãe, e se relacionar com Ele na família da fé pela obediência a Deus. Será que a Maria mãe conseguiria tornar-se a Maria discípula?

Simeão tinha profetizado que uma espada transpassaria a alma de Maria. Ela sentiu que aquela espada girava dentro dela novamente numa sexta-feira sombria. Quando estava aos pés de uma cruz romana naquele dia, lembrou-se da longa e exaustiva caminhada de Nazaré a Jerusalém para a Festa de Páscoa. Ela se lembrou do primeiro vislumbre que tivera do filho ensinando no templo e de como pensaram que Ele parecia tão envelhecido, tão cansado e desanimado. Para onde quer que Ele fosse, as pessoas corriam para ver, ouvir ou contemplá-lo curando os enfermos. Mas os líderes religiosos da nação sempre se opunham a Ele.

Ela pensou novamente em como Ele parecia escolher uma rota de colisão com as autoridades religiosas. Os rumores jamais cessavam. Ele sempre estava dizendo algo controverso ou fazendo algo no *Sabbath* e isto aborrecia os sacerdotes ou fariseus. Na realidade, Ele parecia preferir o *Sabbath* para curar os enfermos! Será que Ele tinha mesmo de expulsar os cambistas e vendedores do pátio do templo com um chicote? Será que Ele tinha de dizer tais coisas inflamadas aos fariseus? Se Ele tivesse entendido a importância de permanecer do lado certo das pessoas no poder!

Maria pensou de novo naquele dia em que ela e os outros filhos tinham ido levar Jesus para casa. Se Ele tivesse ido com eles no mesmo instante! Este terrível momento da crucificação poderia ter sido evitado!

Maria

Às vezes, encurvando-se junto às rochas próximas para se apoiar, às vezes encostando-se em outras mulheres da Galileia, ela contemplava, impotente, seu primogênito enfraquecer cada vez mais. Haveria outro jeito mais cruel de morrer do que este? Ela se obrigava a olhar para aquele corpo ensanguentado — o corpo que uma vez carregara dentro do próprio ventre — agora suspenso entre o céu e a terra por dois pregos que atravessavam Suas mãos até uma viga. Ela tentava respirar por Ele ainda mais porque o via sufocar lentamente.

O que acontecera com a promessa do anjo Gabriel de que o filho dela seria "grande e seria chamado Filho do Altíssimo"? Como tudo poderia terminar deste jeito quando o anjo tinha proferido, anos antes, palavras tão sublimes?

Enquanto permanecia lá, perdida em meio ao seu sofrimento, Maria ouviu Jesus falar com ela da cruz. Sua voz era fraca: "Mulher, eis aí teu filho". Então, disse ao discípulo João: "Eis aí tua mãe" (JOÃO 19:26,27). Não passou muito tempo, e Ele bradou: "Está consumado", e o filho dela se foi. Mesmo assim, naqueles últimos momentos antes de Sua morte, Maria foi aquecida pelo amor do filho que a envolveu no vento frio e no céu nublado. Naquele momento em que perdia o filho Jesus, Maria ganhava uma nova família. João, o discípulo amado, levou-a para a casa a fim de consolá-la e cuidar dela.

"Quem é minha mãe? Todo aquele que fizer a vontade de Deus, esse é meu irmão, irmã e mãe." Durante todo o ministério terreno de Jesus, Maria tinha vivido com a tensão entre os laços com sua família biológica e os laços com a família da fé. Agora, aos pés da cruz, as duas realidades convergiram-se em uma só. O presente de Jesus a ela naqueles últimos momentos antes de Sua morte foi devolver-lhe sua função de mãe em um novo contexto.

Encontramos Maria mais uma vez na Bíblia, em Atos 1:12-14 logo após Jesus ascender ao céu.

> *Então, voltaram [os discípulos] para Jerusalém, do monte chamado Olival, que dista daquela cidade tanto como a jornada de um sábado. Quando ali entraram, subiram para o cenáculo onde se reuniam Pedro, João, Tiago, André, Filipe, Tomé, Bartolomeu, Mateus, Tiago, filho de Alfeu, Simão, o Zelote, e Judas, filho de Tiago. Todos estes perseveravam unânimes em oração, com as mulheres, com* Maria, mãe de Jesus, *e com os irmãos dele* (ênfase acrescentada).

Nosso último vislumbre de Maria é em uma reunião de oração com outros seguidores de Jesus. Ela tinha feito a transição para o discipulado e, no processo, passara dos laços frágeis da família consanguínea para os fortes laços da família da fé.

Diferente de Maria, não temos uma relação biológica especial com o Filho de Deus que adentre nosso caminho. Nenhuma de nós jamais teve de trilhar o difícil caminho que Maria trilhou. Mesmo assim, podemos nos encontrar arquitetando maneiras próprias de nos relacionarmos com Jesus Cristo, que são inferiores ao padrão de Deus.

"Quem é minha irmã? Aquela que fizer a vontade de Deus será minha irmã." Nada menos que isso. A família de Deus é uma família de fé. Fé significa confiar que Deus faz o que é melhor para nós enquanto cumprimos o que Ele nos orienta. Nosso relacionamento com Jesus Cristo começa e prossegue a partir de um único fundamento: fazer a vontade de Deus. Qualquer outra coisa que colocamos no lugar disso pode ser negada.

É fácil, para muitas de nós que fomos abençoadas por Deus com uma família, permitir que a própria família venha antes do nosso relacionamento com Deus. Diante das pressões antifamiliares da nossa cultura, queremos ir contra a maré da impiedade que nos cerca fazendo de uma família forte a nossa prioridade. Isso é errado? A resposta é sim — quando a nossa família se torna a nossa prioridade. Jesus foi claro: "Se alguém vem a mim e não aborrece a seu pai, e mãe, e mulher, e filhos, e irmãos, e irmãs e ainda a sua própria vida, não pode ser meu discípulo" (LUCAS 14:26).

Uma família consistente é uma boa meta. Mas não pode ser nosso principal objetivo. O compromisso com Jesus Cristo deve vir antes de todos os outros.

Uma parte importante do nosso discipulado como mulheres cristãs é aprender a juntar o fato de ser uma seguidora de Jesus Cristo com o de ser vizinha, professora, esposa e mãe. Se o nosso foco estiver em nosso papel de esposa ou mãe em vez de estar no relacionamento com Deus, pode ser que Ele precise frustrar nossas ideias sobre prioridades. Para nos ajudar a aprender isso, às vezes, Deus vira nossa vida de ponta-cabeça. Quando isso acontece, podemos concluir que tudo aquilo que nos deu significado não existe mais. Porém, quando olhamos novamente para Maria naquele dia terrível aos pés da cruz, sabemos que Deus está agindo até mesmo nos momentos mais devastadores de perda. Jesus retirou de Maria o papel de ser Sua mãe a fim de lhe devolver a maternidade num novo contexto na família de Deus.

As funções se modificam. Uma mulher pode perder o papel de esposa com a morte do marido. Outra pode perder esta função com o divórcio. A maternidade pode ser retirada com a morte de um filho. Nossa própria expectativa de casar e ter filhos pode mudar se permanecermos solteiras ou sem filhos. Este tipo de discipulado exigente de repente nos detém e nos faz refletir: Será que, às vezes, podemos conhecer, de um jeito mais profundo, o Deus que vê as nossas lágrimas?

A essência do discipulado é aprender a conhecer Deus, conhecê-lo como totalmente confiável e, a partir disso, fazer Sua vontade. Como discípulas, passamos a confiar cada vez mais nele, sabendo que Ele fará com que todas as coisas cooperem para o nosso bem enquanto cumprimos a Sua vontade. Quando conhecemos Deus dessa maneira, podemos confiar que Ele "...confirma sobre nós as obras das nossas mãos..." (SALMO 90:17).

Ele pode nos confirmar em funções familiares. Ele pode nos dar novos papéis que tragam satisfação. Mas todos eles devem ser desempenhados no contexto da obra e da família de Deus. É sobre esse alicerce que construímos todas as demais coisas.

Como discípulas, aprendemos que todos os nossos relacionamentos humanos ocupam o segundo lugar após nosso relacionamento com o Deus Criador e Salvador, Jesus Cristo. O ponto de partida para cada uma de nós, como seguidoras de Cristo, é deixar que Deus seja Senhor em nossa vida. Confiamos nele e o obedecemos porque Ele é Deus.

A boa notícia é que, quando agimos assim, Deus entra em nosso mundo caótico e confirma a obra das nossas mãos. Ele nos dá sabedoria, uma habilidade para viver sensatamente. Esta sabedoria pode mudar nossos valores e nossas prioridades, mas também funde nosso discipulado à nossa vida cotidiana de uma maneira que traz satisfação e alegria.

Maria sobreviveu à humilhação. Ela sobreviveu ao conflito que tinha sobre Jesus e Sua missão. Sobreviveu à Sua morte. Ela viveu para vê-lo ressuscitar e ser glorificado. Viveu para tornar-se parte integral da família de Deus quando ela abriu mão do privilégio especial de ser mãe de Jesus e tomou seu lugar como seguidora do Filho de Deus.

"Quem é minha mãe?"

"Todo aquele que fizer a vontade de Deus, esse é meu irmão, irmã e mãe."

Maria

Questões para reflexão pessoal ou grupo de estudo

1. Durante todo o ministério terreno de Jesus, Maria viveu com a tensão entre seu ponto de vista dos laços familiares biológicos e os laços com a família da fé. De que maneira essa tensão se resolveu para ela?

2. Em que aspectos nós, cristãs do século 21, também vivemos na tensão entre a família biológica e a família de Deus?

3. O que significa "fazer a vontade de Deus"?

4. De que maneira fazer a vontade de Deus afetará nossas prioridades?

A mulher junto ao poço

COMO VER-SE "TAL COMO É"

ANOS ATRÁS, um amigo me pediu para rever uma fita de vídeo na qual eu aparecia como participante de uma mesa-redonda. Sem pensar muito, eu coloquei a fita no videocassete e apertei a tecla para iniciar o vídeo. Meu único pensamento era criticar o conteúdo da discussão. Mas, de repente, eu me vi na tela da televisão. Cheguei mais perto. Enquanto estava de pé na sala observando meus gestos, ouvindo o que eu dizia e escutando minha risada, eu me sentia tanto curiosa quanto preocupada. Lá parada, eu percebi que nunca tinha me visto num vídeo antes. Robert Burns uma vez orou pelo dom de "ver-nos como os outros nos veem". Pela primeira vez, isso estava acontecendo comigo. *Puxa vida!*, pensei. *Então é isso o que as outras pessoas suportam quando eu estou por perto!* Também me impressionou que, quando eu me olho no espelho, recebo uma resposta imediata e, assim, posso instantaneamente mudar minha expressão facial para outra mais agradável. Mas a câmera me pegou "como de fato sou". Duas horas de "tal como sou".

A Bíblia nos fala sobre uma mulher que encontrou um homem que a conhecia "tal como ela era". Parecia que este homem não tinha motivo para saber nada sobre esta mulher, muito menos para perder tempo com ela. Quando Ele a viu, aquele encontro pareceu um acidente, mas não era. Este sucedeu na história registrada por João:

> *Quando, pois, o Senhor veio a saber que os fariseus tinham ouvido dizer que ele, Jesus, fazia e batizava mais discípulos que João (se bem que Jesus mesmo não batizava, e sim os seus discípulos), deixou a Judeia, retirando-se outra vez para a Galileia. E era-lhe necessário atravessar a província de Samaria. Chegou, pois, a uma aldeia samaritana, chamada Sicar, perto das terras que Jacó dera a seu filho José. Estava ali a fonte de Jacó. Cansado da viagem, assentara-se Jesus junto à fonte, por volta da hora sexta* (4:1-6).

O autor João levanta uma discussão geográfica que vale a pena explorar. Uma olhada num mapa de Israel dos tempos do Novo Testamento mostra a província da Galileia ao norte, a província de Judeia ao sul e a área chamada Samaria entre as duas. Parece lógico que alguém indo da Judeia para a Galileia tivesse de atravessar Samaria.

Não necessariamente. A maioria dos judeus se recusava ter qualquer contato com os samaritanos e, por isso, fazia um contorno para evitar ter de caminhar sobre solo samaritano. Partindo de Jerusalém, eles caminhavam 27 km adicionais em direção a leste de Jericó, cruzavam o rio Jordão, viajavam rumo ao norte pela província de Pereia até conseguir cruzar novamente o Jordão e entrar na Galileia. A rota era quase duas vezes mais longa do que o caminho direto por Samaria.

Judeus e samaritanos eram inimigos amargos, assim como judeus e árabes são atualmente. Em 722 a.C., os invasores assírios tinham aprisionado a Síria e, depois, as dez tribos dos israelitas. Samaria tinha sido a capital das tribos do norte. Os assírios seguiam o mesmo padrão em terreno judaico que eles tinham usado em todas as suas conquistas: reuniam todas as pessoas que poderiam manter vivo o senso de identidade nacional — nobres, estudiosos, soldados, ricos

— e as transportavam para outras terras, espalhando-as por todo o império. Então, eles levavam estrangeiros para a terra conquistada a fim de povoá-la e casarem com as pessoas mais fracas deixadas para trás.

Vários séculos mais tarde, quando os judeus exilados tiveram a permissão de voltar a Jerusalém para reconstruir o templo, os samaritanos se ofereceram para ajudar. Mas os judeus consideravam os samaritanos um povo de raça misturada e recusaram-se a permitir que qualquer um que não fosse racialmente puro ajudasse com esta tarefa sagrada. Os samaritanos rejeitados construíram um templo rival no monte Gerizim perto de Sicar.

O ódio judaico pelos samaritanos era tão forte que uma famosa ordenança rabínica afirmava: "Que nenhum israelita coma um bocado de nada que seja de algum samaritano, porque, se comer nem que seja um bocado, será como se tivesse comido carne de porco." Palavras fortes! Lucas 9:53 fala de um tempo posterior em que Jesus e Seus discípulos estavam numa jornada tentando atravessar a Samaria apenas para se afastarem de uma aldeia. Os samaritanos odiavam os judeus tanto quanto os judeus odiavam os samaritanos. Mesmo assim, a Bíblia nos diz, neste exemplo, que "era-lhe necessário atravessar a província de Samaria".

Era uma caminhada difícil. O caminho girava e volteava pelas montanhas da cordilheira central. Cansado, Jesus sentou-se ao lado do poço de Jacó para descansar enquanto os discípulos foram até a cidade vizinha de Sicar comprar comida. Sentado ali debaixo do sol forte do meio-dia, Ele pode ter notado a mulher sozinha que descia a colina com um jarro de água equilibrado no ombro.

Sabemos pouquíssimo sobre esta mulher sem nome, a não ser que ela fora casada cinco vezes e naquele momento estava vivendo com um homem que não era seu marido. Não sabemos o que havia acontecido com os cinco homens com os quais ela se casara uma vez ou outra. Alguns deles ou todos podem ter morrido. Alguns deles ou todos podem ter se divorciado dela.

A mulher junto ao poço

Uma coisa é clara: se algum de seus casamentos tivesse sido desfeito pelo divórcio, ela não deu entrada nos procedimentos. Diferentemente de hoje, uma mulher do século primeiro não tinha esse direito. Apenas o homem poderia dar fim ao casamento pelo divórcio. Era parte da Lei de Moisés sob a qual tanto judeus quanto samaritanos viviam. Moisés formulou a lei do divórcio:

> *Se um homem tomar uma mulher e se casar com ela, e se ela não for agradável aos seus olhos, por ter ele achado coisa indecente nela, e se ele lhe lavrar um termo de divórcio, e lho der na mão, e a despedir de casa; e se ela, saindo da sua casa, for e se casar com outro homem; e se este a aborrecer, e lhe lavrar termo de divórcio, e lho der na mão, e a despedir da sua casa ou se este último homem, que a tomou para si por mulher, vier a morrer, então, seu primeiro marido, que a despediu, não poderá tornar a desposá-la para que seja sua mulher, depois que foi contaminada, pois é abominação perante o* Senhor... (DEUTERONÔMIO 24:1-4).

Esta lei complicada proibia um homem de casar-se novamente com a mulher da qual ele se divorciara previamente. Entretanto, os rabinos tinham deslocado a ênfase do novo casamento e usavam a passagem para determinar a base sobre a qual o homem poderia divorciar-se da esposa. Eles enfatizaram o que seria necessário para a mulher não ser "agradável aos seus olhos".

A escola rabínica de *Shammah* tinha um ponto de vista rigoroso e ensinava que apenas alguma ação contrária às leis da virtude — como o adultério — justificaria o divórcio. Mas o discípulo de *Shammah*, *Hillel*, ensinava o oposto: "coisa indecente nela" poderia ser qualquer coisa que desagradasse ao marido, como, por exemplo, sal demais na comida. Assim, um homem judeu que quisesse divorciar-se da esposa poderia escolher seguir os ensinamentos do rabi *Hillel* se fosse conveniente.

Quem sabe o que aconteceu com os cinco maridos dessa mulher anônima? Se ela acabou se revelando uma má cozinheira — ou pior, uma mulher estéril — ou algo que "desagradou" ao marido, ela poderia ser passada de marido a marido como um objeto sem valor. O que deve ter significado para ela experimentar a perda ou a rejeição cinco vezes? A dor da perda provada uma única vez é um sofrimento da qual muitas mulheres jamais se recuperam. Como deve ter sido passar por aquela dor não uma ou duas, mas cinco vezes? O sentimento do fracasso. Uma bofetada na autoestima. O pânico, imaginando o que aconteceria em seguida. Ser colocada para fora da casa do marido sem nada mais do que um pedaço de papel na mão que lhe permitiria casar-se com outra pessoa e tentar de novo.

Ainda pior, era para a mulher do primeiro século, pois ela não poderia forçar o marido a lhe dar uma certidão de divórcio para que ela pudesse se casar novamente. Esta mulher solitária que se aproximava do poço de Jacó com o jarro no ombro pode ter lutado com esse problema. Era quase impossível que uma mulher solteira sobrevivesse sem o amparo de um homem naquele tempo. Se o seu último marido tivesse recusado lhe dar a certidão de divórcio, ela pode ter-se visto obrigada a viver com um homem com quem ela não estava livre para se casar.

Independentemente do que tivesse acontecido com esta mulher, Jesus a observou aproximar-se do poço ao meio-dia, a hora sexta, a parte mais quente do dia. A maioria das mulheres ia ao poço logo pela manhã ou no fim da tarde, quando estava mais fresco. Será que esta mulher escolheu buscar água quando ela pensou que ninguém mais estaria ali? Será que ela estava tentando fugir dos olhares frios das pessoas da cidade que a tratavam com desdém? Jesus observou sua caminhada longa e pesarosa em direção ao poço, esgotada com o peso de anos de perda ou rejeição.

Ao aproximar-se do poço, a mulher viu o homem sentado ali. Quem era Ele? Apenas as mulheres buscavam água, com exceção dos pastores que retiravam água para seus rebanhos. Mas não havia rebanho algum. Este homem evidentemente não era pastor. Ele estava vestido com uma túnica longa e branca como a dos rabis ou mestres.

Ainda mais surpreendente, Ele falou com ela: "Dá-me de beber?"

Essa simples pergunta não nos choca. Mas Jesus infringiu dois fortes costumes hebraicos naquele momento.

Primeiro, um judeu não falava em público com mulheres. Se o homem fosse um rabi ou líder religioso, ele nem sequer poderia cumprimentar a própria esposa ao passar por ela na rua. Os moralistas judeus tinham o preceito de que "o homem não deveria saudar a mulher em locais públicos, nem sequer sua própria esposa".

Alguns fariseus eram chamados de "fariseus feridos e ensanguentados" porque, sempre que viam uma mulher em público, fechavam os olhos. Não é de se surpreender que, às vezes, eles arremessavam-se nos muros, ferindo a si mesmos. Uma estranha evidência de espiritualidade! Jesus, entretanto, não estava limitado pelos costumes da época ao abordar as mulheres.

O segundo costume que Jesus infringiu foi beber de um copo contaminado por uma desprezada mulher samaritana. Ela era mulher e samaritana. Para tornar o assunto ainda pior, ela vivia com um homem com quem não era casada, e isso a tornava impura. Risco duplo. O copo era duas vezes "impuro": porque uma samaritana o segurava e porque a mulher que o segurava era impura.

Qualquer outro homem no poço de Jacó aquele dia teria ignorado a mulher samaritana. As barreiras de raça, religião, sexo, caráter e posição social eram grandes demais. Porém, Jesus era diferente. Ele tinha escolhido ir a Galileia passando por Samaria. Ele tinha escolhido este lugar para descansar porque uma mulher solitária precisava ouvir uma palavra de esperança.

"Disse-lhe Jesus: Dá-me de beber" (JOÃO 4:7).

Esta mulher, desconfiada, conhecendo os costumes, reagiu ao Seu pedido com uma pergunta: "Como, sendo tu judeu, pedes de beber a mim, que sou mulher samaritana...?" (JOÃO 4:9).

A pergunta dela pairou no ar sem resposta no momento em que Jesus virou do avesso Seu primeiro pedido: "Se conheceras o dom de Deus e quem é o que te pede: dá-me de beber, tu lhe pedirias, e ele te daria água viva" (JOÃO 4:10).

Que tipo de enigma era este? Ele tinha lhe pedido água para beber. Em seguida, Ele disse que tinha "água viva" e ela poderia pedir-lhe. Será que era uma fala de duplo sentido?

Jesus fez aquele pedido para começar uma conversa. Mas Ele também tinha uma finalidade diferente em mente. Ele queria despertar duas coisas nesta mulher: a consciência de sua necessidade e a disposição de Deus de atendê-la. Então, Ele lhe disse duas coisas que ela não sabia. Ela não conhecia "o dom de Deus" e não sabia quem era aquele que falava com ela naquele dia.

Debaixo do sol quente, incomodada por este estranho que infringia todas as convenções ao falar com ela, e intrigada com Sua oferta, ela decidiu confrontá-lo:

Respondeu-lhe ela: Senhor, tu não tens com que a tirar, e o poço é fundo; onde, pois, tens a água viva? És tu, porventura, maior do que Jacó, o nosso pai, que nos deu o poço, do qual ele mesmo bebeu, e, bem assim, seus filhos, e seu gado? (JOÃO 4:11,12).

Boas perguntas. Ela pôde ver que Jesus não tinha como retirar água do poço. Será que Ele era algum tipo de operador de milagres, maior do que o patriarca Jacó, que poderia produzir água viva?

Água "viva" era mais desejável do que qualquer outra água. Era água de uma nascente ou fonte. O poço de Jacó tinha água boa, mas não era água corrente ou água viva. O poço estava cheio de chuva e infiltração. Não era alimentado por uma nascente ou fonte subterrânea. Não era água "viva".

Alguns estudiosos da Bíblia censuram esta mulher por interpretar as palavras de Jesus literalmente. Mas isto é incomum? Nicodemos não conseguiu compreender o novo nascimento, confundindo-o com uma experiência física (João 3). Os próprios discípulos confundiram a declaração de Jesus sobre ter comida para comer, interpretando Sua metáfora como alimento literal (João 4).

"És tu, porventura, maior do que Jacó, o nosso pai?", a mulher perguntou a Jesus. Mais uma vez, Ele evitou a pergunta por um momento. Ela teria a resposta quando tivesse uma perspectiva diferente e pudesse compreendê-la. Em vez disso, Ele a levou de volta à Sua promessa de água viva:

Afirmou-lhe Jesus: Quem beber desta água tornará a ter sede; aquele, porém, que beber da água que eu lhe der nunca mais terá sede; pelo contrário, a água que eu lhe der será nele uma fonte a jorrar para a vida eterna (vv.13,14).

Ela olhou para Ele firmemente. Sim, a primeira parte do que Ele dissera certamente era verdade. Dia após dia, um ano esgotante após outro, ela tinha carregado seu jarro de água de Sicar para o poço e do poço para Sicar. Qualquer um que bebesse aquela água teria sede de novo. Aquilo era suficientemente claro. Não seria maravilhoso não precisar ir ao poço todos os dias? Será que este rabi judeu poderia realizar tal promessa?

Na essência da declaração de Jesus, encontra-se a verdade fundamental de que o nosso coração tem sede de algo que só o Deus eterno pode satisfazer. Em cada uma de nós, habita este anseio pelo que é eterno. Agostinho disse bem: "Nosso coração está inquieto até encontrar descanso em ti." Existe uma sede que só Jesus Cristo pode satisfazer.

Mas essa mulher samaritana ainda não tinha chegado lá. Ela conseguia pensar apenas no suprimento de água que a aliviaria desta viagem diária da cidade até o poço. De que maneira Jesus poderia estimular o desejo espiritual em sua mente? Para fazê-lo, Ele mudou de tópico. Acompanhe a conversa deles em João 4:15-19:

> *Disse-lhe a mulher: Senhor, dá-me dessa água para que eu não mais tenha sede, nem precise vir aqui buscá-la.*
>
> *Disse-lhe Jesus: Vai, chama teu marido e vem cá; ao que lhe respondeu a mulher: Não tenho marido. Replicou-lhe Jesus: Bem disseste, não tenho marido; porque cinco maridos já tiveste, e esse que agora tens não é teu marido; isto disseste com verdade. Senhor, disse-lhe a mulher, vejo que tu és profeta.*

"Vá chamar seu marido."

"Não tenho marido."

"Isso mesmo! Você já teve cinco, mas agora está vivendo com um homem que não é seu marido."

Ops! Ela foi pega "tal como era".

Uma conversa interessante. Até este ponto, Jesus tinha falado em parábola sobre a água viva que satisfaz a fim de que quem bebê-la nunca sinta sede novamente. Mas a samaritana não conseguiu identificar-se com o que Ele estava dizendo. Assim, para que eles não deixassem de conversar, Jesus tornou-se completamente pessoal e objetivo. A mulher ainda não tinha identificado isso, mas Jesus estava começado a lhe dar água viva.

Jesus não a julgou. Ele não a insultou. Ele simplesmente confirmou que ela falara a verdade. Ainda assim, naquela declaração, Ele tirou a sua máscara. Ela estava diante dele com seu constrangedor segredo francamente visível. Ela se viu como Ele a via, "tal como era".

Nós também damos aquele primeiro gole da água viva sobrenatural quando tiramos nossa máscara e nos reconhecemos como realmente somos.

Os comentaristas às vezes criticam a mulher samaritana por deliberadamente ter mudado de assunto quando Jesus começou a sondar seu

A mulher junto ao poço

estado civil. Mas é possível que ela não estivesse sendo evasiva. Em sua primeira resposta a Ele, ela se referiu a Jesus apenas como um "judeu" (v.9). Na segunda resposta, ela questionou se Ele era um judeu maior que o ancestral Jacó (v.12). Agora que Ele havia revelado Seu conhecimento da verdade sobre sua própria vida, ela começou a suspeitar de que Ele poderia ser um profeta (vv.19,20). Neste caso, era apropriado levantar uma questão que poderia muito bem tê-la perturbado:

Nossos pais adoravam neste monte; vós, entretanto, dizeis que em Jerusalém é o lugar onde se deve adorar.

Estas duas pessoas — o rabi judeu e a mulher samaritana — pararam conversando à sombra dos dois grandes montes, Ebal e Gerizim, onde os samaritanos realizavam sua adoração. Reconhecendo seu passado na presença de um profeta, ela pode ter contemplado a necessidade de levar uma oferta pelo pecado e imaginado onde levá-la questionou. Sua ansiedade espiritual de ter o pecado revelado pode tê-la impulsionado a levar a sério sua religião.

Jesus não fez nenhum esforço para retomar a conversa sobre os muitos maridos daquela mulher nem sobre seu atual relacionamento. Em vez disso, Ele levou sua pergunta a sério e a respondeu com cuidado:

Disse-lhe Jesus: Mulher, podes crer-me que a hora vem, quando nem neste monte, nem em Jerusalém adorareis o Pai. Vós adorais o que não conheceis; nós adoramos o que conhecemos, porque a salvação vem dos judeus. Mas vem a hora e já chegou, em que os verdadeiros adoradores adorarão o Pai em espírito e em verdade; porque são estes que o Pai procura para seus adoradores. Deus é espírito; e importa que os seus adoradores o adorem em espírito e em verdade (vv.21-24).

A pergunta da mulher samaritana era sobre adoração religiosa exterior. Jesus queria que ela compreendesse um tipo diferente de adoração, a adoração interior. No processo, Ele não respondeu exatamente sua pergunta sobre onde adorar. Em vez disso, Ele a levou a um lugar onde sua pergunta se tornava irrelevante. Preocupada com o lugar de adoração, ela tinha negligenciado o objeto da adoração: Deus. Quando Jesus lhe respondeu, dizendo que a adoração espiritual ao Pai é o que importa, Ele a afastou dos montes sagrados, dos templos e rituais.

> *Eu sei, respondeu a mulher, que há de vir o Messias, chamado Cristo; quando ele vier, nos anunciará todas as coisas. Disse-lhe Jesus: Eu o sou, eu que falo contigo* (vv.25,26).

Isto era possível? O Messias de Deus estaria desperdiçando tempo conversando com uma mulher, ferida em sua alma, em um poço em Samaria? Mas como ela poderia duvidar de Sua palavra? Ele tinha dito coisas sobre ela que apenas um profeta de Deus poderia saber. Ele tinha respondido, com seriedade, sua pergunta sobre adoração. Ela sabia que não compreendia tudo o que Ele dissera, mas também sabia que, de alguma maneira, poderia crer nele. Em seu encontro com Jesus, ela fez a jornada rumo à fé. Sabemos disso a partir de suas ações subsequentes.

> *Neste ponto, chegaram os seus discípulos e se admiraram de que estivesse falando com uma mulher; todavia, nenhum lhe disse: Que perguntas? Ou: Por que falas com ela? Quanto à mulher, deixou o seu cântaro, foi à cidade e disse àqueles homens: Vinde comigo e vede um homem que me disse tudo quanto tenho feito. Será este, porventura, o Cristo?! Saíram, pois, da cidade e vieram ter com ele* (vv.27-30).

Ela não compreendeu tudo imediatamente. Mas já tinha entendido o suficiente para motivá-la a compartilhar as boas-novas com outras pessoas. No versículo 39, descobrimos que "muitos samaritanos daquela cidade creram nele, em virtude do testemunho da mulher". Eles imploraram que Jesus ficasse e os ensinasse. Ele o fez por mais dois dias e "muitos outros creram nele, por causa da sua palavra" (v.41).

No que se transformou a vida desta mulher? Não sabemos. O que sabemos é que Jesus não a condenou. Ele simplesmente permitiu que ela soubesse que Ele a conhecia, que realmente a conhecia profundamente. Por conhecê-la, Ele não a desprezou nem a condenou. Jesus discipulou a mulher no poço de Jacó ao levá-la a aceitar os fatos de sua vida tais como eram sem encobri-los.

O começo de ter nossa sede saciada é saber que somos conhecidas por Deus e ainda podemos ser aceitas por Ele. Seguir Jesus significa dar uma olhada clara nos fatos de nossa vida. Não há nada como enfrentar a própria realidade para nos ajudar a ver o quanto necessitamos de Deus.

Mais de 40 anos atrás, duas amigas — Annabelle Sandifer e Jeannette Evans — e eu trabalhamos juntas para alcançar as mulheres de Paris, na França, com as boas-novas da vida eterna por meio de Jesus Cristo. Organizamos almoços, cafés, estudos bíblicos, retiros — tudo o que conseguimos imaginar para compartilhar Cristo com as mulheres.

Certo ano, para ampliar nosso alcance, decidimos enviar convites de almoço de Natal para as mães de todos os alunos da prestigiosa Escola Americana de Paris. Dentre outras reservas para o almoço, recebemos uma da tal Sra. Parker. Nenhuma de nós sabia quem era.

Meia hora antes do evento começar, enquanto a sala de jantar ainda estava vazia, reparei numa mulher teatralmente vestida adentrando no recinto de maneira cautelosa. Trajando um terno magnífico debaixo de uma capa, ela completava o visual dramático com um enorme chapéu de pele. Um pouco intimidada com sua elegância, coloquei meu sorriso mais amigável no rosto e atravessei a sala para cumprimentá-la.

Sim, esta era a Sra. Parker, mas estava claro que ela tinha segundas intenções a respeito de vir ao almoço. Ela respondeu minha saudação evasivamente e me abandonou assim que conseguiu chegar a uma janela próxima onde observava o trânsito de Paris na rua abaixo.

O almoço parecia correr bem. Nossa palestrante daquela tarde era uma famosa mulher cristã — animada, sofisticada, o tipo de mulher de quem eu presumia que a Sra. Parker fosse gostar. Mas ela parecia entediada. A palestrante terminou a conversa dizendo: "Se alguma de vocês quiser que eu ore pela sua vida, deixe seu nome, e eu ficarei feliz em fazê-lo."

Aquilo trouxe a Sra. Parker à vida. "Como pode!", ela explodiu. "Quem ela pensa que é se oferecendo para orar por mim?" Depois disso, ela juntou a bolsa e a capa e caminhou em direção à porta. Ao avaliarmos aquele almoço, Annabelle, Jeannette e eu conversamos sobre a Sra. Parker e sua partida tumultuada. Tínhamos certeza de que jamais a veríamos de novo.

Estávamos erradas. Alguns meses depois, promovemos um retiro para mulheres no sul de Paris, tendo como nossa palestrante Edith Schaeffer de L'Abri na Suíça. Mais de 200 reservas foram feitas. Estávamos emocionadas! Então, um dia, a reserva da Sra. Parker chegou. Quando a vimos, imaginamos o que poderia acontecer desta vez. Será que ela nos constrangeria novamente?

O retiro começou bem. O tempo estava perfeito. Edith Schaeffer emocionava a plateia diversas e diversas vezes com histórias da obra de Deus na vida de todos os tipos de homens e mulheres. Mas nós três continuávamos aguardando a Sra. Parker, que ainda não tinha chegado.

Ela chegou durante a reunião da tarde e encontrou um lugar no fundo da sala lotada. Eu fiquei esperando alguma reação positiva da parte dela em relação à palestrante, mas seu rosto estava impassível. Quando a reunião terminou, a Sra. Parker pareceu evitar nossas amigáveis sondagens, optando por folhear os livros de literatura sobre a mesa.

A mulher junto ao poço

Então, ela falou à mulher que vendia os livros: "Milha filha acabou de se converter." Marjorie, a vendedora, não tinha certeza de como reagir. "Minha irmã na América também", continuou a Sra. Parker. "Ela me manda livros cristãos." Sentindo sua necessidade de falar sobre o assunto, Marjorie ofereceu-se para levá-la de volta a Paris quando o retiro terminasse.

Na viagem de volta à cidade, a Sra. Parker falou sobre religião, cristianismo, igrejas e algumas de suas experiências ruins com cristãos quando ela era mais nova. Marjorie ouviu, respondeu e orou.

É difícil imaginar duas mulheres mais diferentes uma da outra. Marjorie tinha vindo a Paris para uma fisioterapia depois de ficar incapacitada pela pólio na África central, onde serviu como missionária. A Sra. Parker vivia na parte mais esplendorosa de Paris. As duas mulheres eram completamente diferentes em estilo, valores, objetivos. Mesmo assim, entre elas crescia uma amizade profunda à medida que conversavam dia a dia sobre o que significava se tornar uma cristã. Duas semanas mais tarde, a Sra. Parker aceitou Jesus Cristo como Salvador. Ela juntou-se à sua filha e às irmãs na família de Deus.

Uma noite no jantar com um editor francês e sua esposa, eu mencionei uma Sra. Parker que havia se convertido recentemente após nosso retiro para mulheres. Paul inclinou-se para frente quando eu disse o nome dela.

— Será que eu ouvi você dizer Dorian Parker? Ele perguntou.

— Sim; você a conhece?

— Se eu a conheço? Todos em Paris a conhecem!

— Então me conte quem ela é, por favor!

— Ela é DORIAN, muitas vezes chamada a mulher mais linda do mundo.

A primeira garota-propaganda do perfume *Fire and Ice* (Fogo e gelo) da *Revlon* no início de 1950, ela foi uma das mulheres mais fotografadas do mundo. Como modelo estreante em Paris, ela mais tarde abriu a maior agência de modelos da Europa. Casou-se cinco vezes e deu à luz cinco filhos, mas nem todos os filhos de homens com quem ela tinha sido casada na época.

Depois de um enorme sucesso, a vida dela começou a sair dos trilhos. Impostos devidos ao governo francês logo fechariam seu negócio. Numa competição brutal de agências de modelo internacional, sua sócia comercial a traiu. Seu amante, um nobre espanhol e o pai de seu filho mais novo, havia falecido num acidente de corrida automobilística. O filho dela estava envolvido com drogas e indo mal na escola. A vida não era bela.

Depois de três décadas vivendo sem pensar muito nas pessoas que ela tinha explorado, ela olhou para si mesma e não gostou do que viu. Precisava de ajuda. Precisava de Deus.

Quando conheci Dorian, vi uma mulher ainda glamorosa aos 50 e poucos anos, uma mulher que tinha tido o mundo nas mãos e o movia como uma bugiganga presa ao seu pulso. Poderia ser intimidadora para outras mulheres e ainda atraente para os homens. Quem teria presumido sua sede interior? Jesus sabia disso e a encontraria no poço de sua vida.

Quando João escreveu seu relato sobre a vida e o ministério de Jesus, ele observou que o Mestre sabia o que há em cada uma de nós (JOÃO 2:25). Ele registrou então duas histórias, uma sobre um fariseu chamado Nicodemos (capítulo 3) e outra sobre a mulher samaritana (capítulo 4). Não há duas pessoas que sejam tão diferentes como estas. Ele era um fariseu; ela, uma mulher que vivia em pecado. Ele era um líder religioso; ela, uma marginalizada. Ele era judeu; ela, uma samaritana. Ele estava no topo da pirâmide social; ela, na base. Nicodemos visitou Jesus à noite; Cristo planejou encontrar a mulher ao meio-dia. Jesus confrontou o religioso Nicodemos com sua necessidade espiritual de nascer de novo. Ele abordou esta mulher imoral com sua sede — uma sede que Ele poderia saciar. Jesus sabia o que havia em Nicodemos e o que havia na mulher de Samaria.

Assim como Nicodemos, a mulher samaritana ou Dorian, Jesus Cristo nos encontra onde estamos. Ele nos busca e começa uma conversa conosco. Ele é, nas palavras de Francis Thompson, o "Cão de Caça do Céu", que nos persegue com amor incansável. Ele o faz

A mulher junto ao poço

porque vê nossa necessidade. Conhece essa sede do nosso coração por algo que o Deus eterno pode satisfazer. Ele vê o desejo indefinido, insatisfeito, o descontentamento incerto, a falta, a frustração antes mesmo de admitirmos que tudo isso existe. Nunca estamos longe de desejar o eterno que Deus colocou em nossa alma. É uma sede que só Jesus Cristo pode saciar.

Nossa sede mais profunda nunca pode ser satisfeita até que conheçamos Deus, que é água para a terra seca. Não podemos conhecer ao Senhor até que nos enxerguemos e vejamos nosso pecado. Mesmo assim, podemos passar uma vida toda encobrindo o que realmente somos. Nós esquecemos, ou talvez nunca saibamos, que não podemos chegar a lugar algum com Deus até que reconheçamos nossos pecados. Quando conhecemos Jesus Cristo, descobrimos que Ele nos conhece. Não podemos nos esconder, colocar uma máscara nem brincar de fingir. Ele conhece profundamente nosso interior, onde guardamos nosso arquivo secreto. Leu tudo o que esse arquivo contém. Ele nos conhece. O que é mais surpreendente é que, apesar de nos conhecer profundamente, Ele nos ama.

Quando compreendemos isso, Jesus pode começar a nos dar água viva. Ele começa saciando a nossa sede ao permitir que saibamos que Ele nos conhece, mas ainda assim somos aceitos por Deus. Essa é a água viva que muda e sustenta a vida.

Uma mulher do primeiro século casada várias vezes. Uma mulher do século 21 casada várias vezes. Ambas deixaram que Jesus lhes mostrasse o que elas tinham sido e o que poderiam tornar-se quando fossem perdoadas e acolhidas pelo amor caloroso de Deus. Pelo testemunho delas, outras pessoas vieram ao Salvador. Dorian e a mulher no poço. Ambas beberam profundamente da água viva e então começaram a dizer aos outros: "Vinde comigo e vede!"

A MULHER A QUEM *Jesus* ENSINA

Questões para reflexão pessoal ou grupo de estudo

Agostinho escreveu: "Nosso coração está inquieto até encontrar descanso em ti".

1. Você já sentiu esse desejo pela eternidade que Deus colocou em sua alma? Se sim, como você experimentou esse desejo?

2. O que você deve saber a fim de ter esse desejo satisfeito?

3. Jesus fez com que a mulher samaritana deixasse de ter uma preocupação com a religião exterior e desenvolvesse a convicção interior de que Ele era o Messias de Deus e o Salvador do mundo. Você também deve fazer essa jornada. Quais são algumas placas de sinalização que encontra ao longo do caminho à medida que você percorre essa estrada?

4. Que relação você vê entre ser membro da família de Deus e ser mensageira, alguém que conduza outras pessoas à família de Deus?

Reflexão pessoal

Maria e Marta

COMO VIVER DE MODO BEM-SUCEDIDO EM DOIS MUNDOS

Quando entrei no quinto ano, comecei a estudar o que era chamado na época de "ciência doméstica". Quando passei para o ensino médio, o nome havia mudado para "economia doméstica". Compreendo que o currículo do curso da faculdade hoje o classifica de "ecologia humana". Qualquer que fosse o nome, o significado era o mesmo: um semestre cozinhando, um semestre costurando, e assim por diante. Você pode ter se encontrado numa trajetória parecida.

Eu não sei o que eu detestava mais — cozinhar ou costurar. Aos 10 anos de idade, eu não conseguia separar ovos organizadamente nem fazer costuras decentes. Eu me lembro de que, na maioria das vezes, eu temia as horas passadas nas aulas de ciência doméstica.

Aprendíamos a costurar em máquinas movidas a pedais. Nada de aparatos elétricos na época. Quando eu parei recentemente numa loja de fábrica para pegar um molde, dei uma olhada na disposição de modernas máquinas de costura em exposição — maravilhosas operadoras de milagres eletrônicas computadorizadas!

Enquanto eu estava lá de pé, admirando a tecnologia a serviço das costureiras, também notei algo que mal tinha mudado desde minha

Maria e Marta

introdução à ciência doméstica há mais de meio século. Na parte da frente da máquina de costura, logo acima da agulha, há um regulador de tensão, um botão seletor que ajusta a pressão na linha à medida que a máquina costura. Para uma costura firme e forte, a linha do carretel superior e outra linha da bobina inferior devem se entrelaçar uniformemente e com firmeza ao tecido. Uma costureira experiente verifica a tensão na linha e faz pequenos ajustes no botão seletor, porque compreende a importância adequada dessa regulagem.

Às vezes, quando eu costuro, acidentalmente bato nesse botão. Escuto o clique que me diz que eu estraguei o delicado equilíbrio das linhas superior e inferior. Sei que nenhuma costura será forte e útil até fazer os ajustes de pressão novamente. Tudo o mais tem de parar até eu ficar convencida que o entrelaçamento das linhas está adequado.

Quando recentemente li Lucas 10, pensei sobre o seletor de tensão da linha na minha máquina de costura. No fim do capítulo, Lucas escreve sobre uma festa de jantar realizada num lar em Betânia.

> *Indo eles de caminho, entrou Jesus num povoado. E certa mulher, chamada Marta, hospedou-o na sua casa. Tinha ela uma irmã, chamada Maria, e esta quedava-se assentada aos pés do Senhor a ouvir-lhe os ensinamentos. Marta agitava-se de um lado para outro, ocupada em muitos serviços. Então, se aproximou de Jesus e disse: Senhor, não te importas de que minha irmã tenha deixado que eu fique a servir sozinha? Ordena-lhe, pois, que venha ajudar-me. Respondeu-lhe o Senhor: Marta! Marta! Andas inquieta e te preocupas com muitas coisas. Entretanto, pouco é necessário ou mesmo uma só coisa; Maria, pois, escolheu a boa parte, e esta não lhe será tirada* (10:38-42).

A cena: era um dia quente no fim da estação chuvosa quando o verão estava começando. Na cidade de Betânia, situada nas colinas a apenas 3,2 km de Jerusalém, localizava-se a casa de Marta, que possivelmente era uma viúva próspera que acolhera a irmã mais nova, Maria, e o irmão mais novo, Lázaro. Foi ali que Marta recebeu Jesus e Seus seguidores naquele dia.

Marta se apressou para arranjar um lugar confortável para Jesus se sentar e, então, levou uma bebida fresca para cada um de seus convidados. Ela acenou com a cabeça para Maria, que encheu uma bacia com água perto da porta, pegou uma toalha e começou a lavar os pés de cada um dos convidados. Os seguidores de Jesus sentaram-se ao redor da ampla sala, conversando baixinho sobre os acontecimentos dos últimos dias.

Os aldeões começaram a lotar a entrada da casa, ansiosos para entrar e ouvir o grande rabi, Jesus. Esta não era a Sua primeira visita a Betânia. Os habitantes da cidade tinham ouvido antes algumas de Suas histórias surpreendentes. Talvez, naquele dia, Ele lhes contaria outras. Alguns se infiltravam e se sentavam do lado de fora do círculo de discípulos. Marta e Maria também assumiram uma postura de aprendizes ou discípulas, sentando-se aos pés de Jesus.

Eu não sei por quanto tempo Marta ficou lá sentada ouvindo ao Senhor Jesus, mas tenho a sensação de que, se ela fosse parecida comigo, estava sentada ali com a mente dividida. Afinal de contas, havia ali 13 homens que estavam com fome e precisavam ser alimentados. O que havia em mãos para alimentá-los? O que seria preciso para preparar tudo? Será que ela precisaria sair de fininho e correr para algum lugar para comprar grãos ou frutas?

Eu me identifico com Marta. Sei exatamente o que ela estava fazendo sentada ali. Primeiro, ela fez uma lista mental de tudo o que havia na despensa. Afinal de contas, ela planejou o cardápio, certificando-se de que não deixara passar nada despercebido. Então, ela fez uma lista mental de todas as tarefas que precisariam ser feitas. Quando ela pensou em tudo, olhou por toda a sala discretamente para decidir o melhor caminho por entre a multidão para ir de onde estava sentada até a cozinha. Depois que planejou sua saída, ela não conseguiu mais ficar sentada. Ela precisava se ocupar! Afinal, era a anfitriã. Era responsabilidade dela atender às necessidades dos convidados. Ninguém pensaria menos de Lázaro ou Maria se a refeição não estivesse adequada. A culpa recairia diretamente sobre ela. Não havia tempo de sentar-se e ouvir Jesus agora; talvez, depois que todo o trabalho estivesse terminado.

Uma vez na cozinha, ela sentiu aquele rubor de ansiedade que muitas de nós sentimos quando estamos prestes a fazer algo especial para alguém com quem realmente nos importamos. Queremos tudo perfeito — bem, pelo menos o mais perfeito possível. Nosso amor nos energiza. Ficamos contentes com a oportunidade de demonstrar nosso amor por alguém especial.

Você consegue ver Marta, agora no conhecido território de sua cozinha, transformando-se num furacão de atividades? Primeiro, comece a cozinhar os feijões e as lentilhas com a cebola e o alho. Então, tempere o cordeiro para assar. Triture os grãos e misture o pão para assar. Em seguida, prepare os figos e as romãs. Pegue água para misturar ao vinho. Coloque a mesa. Mexa o feijão e a lentilha. Vire o cordeiro no espeto. Comece a assar o pão.

Dando uma olhada pela janela para a posição do sol no céu, Marta de repente percebeu que logo seria a hora da refeição, e ela estava longe de terminar. Talvez, tenha sentido o que eu sinto quando sou levada pelo entusiasmo para depois perceber que o tempo está passando e eu não posso terminar tudo o que planejei fazer. Quando isso acontece, eu fico irritada — eu me irrito comigo mesma e com toda pessoa que poderia ter feito diferença na execução de meus planos.

Eu suspeito que seja isso o que aconteceu com Marta. De repente, os planos e o trabalho que ela tinha começado com pura alegria azedaram. Lucas nos diz que ela "…agitava-se de um lado para outro, ocupada em muitos serviços…" (v.40). Quanto mais ela trabalhava, mais perturbada ficava. Era culpa de Maria, ela pensava. Se Maria estivesse ali para ajudá-la, teria sido diferente.

Todos nós conhecemos esse sentimento, não é? Já é suficientemente ruim ter tudo para fazer. É ainda pior quando alguém que pensamos que deveria nos ajudar a carregar a carga nos decepciona. Nossa irritação com a injustiça disso tudo chega a ponto de explodir.

Foi o que aconteceu com Marta. Finalmente, ela explodiu. "...Senhor, não te importas de que minha irmã tenha deixado que eu fique a servir sozinha? Ordena-lhe, pois, que venha ajudar-me" (v.40).

Interessante que Marta tenha falado severamente com Jesus, não com Maria. Talvez, ela já tivesse tentado sem sucesso atrair o olhar de Maria e sinalizar que ela se levantasse e fosse ajudar. Ou talvez ela tenha tentado cutucar Maria, que se livrou do cutucão e foi ouvir Jesus. Todas nós temos maneiras de comunicar uma mensagem. Pigarreamos, batemos os dedos sobre a mesa, fazemos movimentos para chamar a atenção... E nos irrita ainda mais quando a outra pessoa nos ignora!

O que quer que já tivesse acontecido, Marta falou diretamente com Jesus, acusando-o de não se importar com ela. Ela tinha certeza de que, se Ele realmente se importasse, diria para Maria se levantar e ir ajudá-la.

Estou intrigada com a maneira como Marta relacionou a preocupação de Jesus por ela com Sua disposição de dizer para Maria se ocupar. Marta achou que soubesse como Jesus deveria demonstrar Seu cuidado — aliviando sua carga. E é exatamente isso o que o vemos fazer, embora não do jeito que ela esperava. Em Sua reação, aprendemos muito sobre nosso discipulado como mulheres cristãs:

Marta! Marta! Andas inquieta e te preocupas com muitas coisas. Entretanto, pouco é necessário ou mesmo uma só coisa; Maria, pois, escolheu a boa parte, e esta não lhe será tirada (LUCAS 10:41).

O problema não estava no trabalho que Marta estava fazendo. Era sua atitude de aflição e preocupação que tinha criado uma situação ruim. Jesus sabia que ela se estressava demais com coisas que não tinham importância. O problema de Marta tinha a ver com equilibrar, manter a vida na pressão adequada.

Maria e Marta

Dê uma olhada mais atenta ao que Jesus disse e não disse a esta mulher sobrecarregada.

Primeiro, Jesus não a censurou por estar trabalhando nos preparativos para Ele e Seus discípulos. Se ela, como anfitriã, tivesse decidido pular a preparação dos alimentos, seus convidados teriam ficado com fome. O que acontecia naquela cozinha de Betânia era importante.

Você se lembra do que Jesus disse a Satanás quando este o tentou no deserto no início de Seu ministério público? Em Mateus 4:4, lemos: "Não só de pão viverá o homem". Jesus não disse: "As pessoas não vivem de pão". Vivemos de pão. Temos um corpo que deve ser alimentado. Jesus sabia disso e alimentava as pessoas — até cinco mil de uma única vez.

Mas Jesus também sabia que as pessoas são mais do que corpos. Não vivemos apenas de pão. Alimentar nosso espírito é tão importante quanto alimentar nosso corpo. O problema de Marta não era que ela estivesse preparando alimento para os convidados. Isso era necessário, e, em seu papel de anfitriã, ela tinha a função de cuidar para que os preparativos fossem executados. Mas ela deu muita importância à tarefa. Em vez de se contentar com um jantar simples, ela tentou impressionar com uma refeição elaborada. Em essência, Jesus lhe disse que um prato teria sido mais que suficiente.

Todas nós temos responsabilidades a cumprir todos os dias da nossa vida. Vamos para o trabalho. Cozinhamos. Corrigimos provas. Limpamos a casa. Lavamos roupa. Fazemos estas coisas e queremos fazê-las bem. Dorothy Sayers nos faz lembrar de que não saíam mesas com pés deformados da carpintaria de Nazaré. Deus não é honrado pela obra fajuta ou pela negligência com os deveres necessários da vida. Mas devemos ter certeza de que o necessário não sai de proporção nem distorce a nossa vida. Podemos facilmente confundir meios e fins. Sem pensar, podemos transformar o que é um meio para viver para Deus num fim em si mesmo. Quando pegamos algo de menor importância e fazemos disso algo principal em nossa vida, o que antes era inofensivo pode tornar-se uma pedra de tropeço para nós.

Uma das coisas que Jesus viu naquela tarde há mais de dois mil anos foi que Marta estava desprezando o que Maria escolhera fazer. Marta impôs a Maria seu sistema de valores — possivelmente uma casa brilhante e certamente uma refeição suntuosa. Se o alvoroço ao redor era "necessário" para Marta, também deveria ter sido necessário para Maria.

Note que Jesus não disse à Marta para fazer o que Maria estava fazendo. Ao mesmo tempo, Ele assinalou que Maria tinha escolhido "a boa parte". Ao dizer isto, Jesus fez um pequeno jogo de palavras que não aparece em algumas traduções. Em essência, Ele disse: "Marta, você está preparando muitos pratos para comermos, mas Maria preparou um prato que você não pode preparar na sua cozinha". Ao passo que o alimento é necessário, preparar algo muito mais simples teria sido melhor, porque permitiria que Marta continuasse sentada com Maria e aprendesse de Cristo.

Você pensa que Jesus foi muito duro com Marta? Afinal de contas, ela estava fazendo todo este trabalho para lhe agradar! Ainda assim, você acha que Ele se agradou de seu pedido para dizer a Maria que se levantasse e fosse ajudá-la? Você acredita que Maria se agradou de ser humilhada daquele jeito? Você acha que os discípulos e vizinhos se agradaram de ver o Mestre interrompido daquele jeito? E o que dizer sobre a própria Marta? Você pensa que ela estava feliz consigo mesma? Sabemos quando estragamos as coisas para nós mesmas e para os outros que nos cercam. E Marta estragou as coisas!

Quando você imagina esta cena, que imagem de Marta vem à sua mente? Elisabeth Moltmann-Wendel assinalou que, sempre que pensa em Marta, lembra-se de uma imagem em uma Bíblia infantil. Nela, Maria está sentada aos pés de Jesus ouvindo, e Marta está em segundo plano, encostada na porta da cozinha com um olhar desconfiado e de reprovação no rosto.

Maria e Marta

Quando pensamos nestas duas irmãs, tendemos a imaginar Maria com uma aura de santidade e associamos Marta com azeite de oliva e peixe.

Quando alguém diz: "Ela é do tipo da Marta", sabemos o que isso significa: alguém que é prático, competente, com os pés no chão. Com certeza, as Martas são úteis e necessárias. A igreja estaria em maus lençóis se houvesse apenas Marias. Mas no que se refere a esboçar um modelo ou ideal, é Maria até o fim. Isso nos coloca numa difícil situação quando pensamos a respeito. O trabalho de Marta é necessário — na igreja e no lar. Mas Maria recebe a auréola.

Marta, chamada por alguns de a santa padroeira das donas de casa e cozinheiras, está sujeita a muitas críticas. Martinho Lutero escreveu: "Marta, sua obra deve ser punida e considerada um zero à esquerda... Eu ficarei apenas com a obra de Maria".

Palavras duras! Assim, eu me sinto um pouco sem graça com relação a ser uma Marta. Mas Martinho Lutero estava errado. A obra de Marta não deve ser punida e considerada um zero à esquerda. A atitude dessa mulher precisava de correção. A sua perspectiva precisava mudar. Mas a obra de Marta era boa e necessária. A realidade é que, como seguidoras de Jesus Cristo, precisamos cultivar tanto a Marta quanto a Maria em cada uma de nós.

Antes, em Lucas 10, encontramos a história de um mestre da lei que tentou pegar Jesus numa armadilha perguntando a Ele o que precisava ser feito para herdar a vida eterna. Jesus lhe devolveu a pergunta simplesmente questionando: "...Que está escrito na Lei? Como interpretas?" (v.26). O mestre da lei respondeu com a grande afirmação extraída de Deuteronômio 6:5 e Levítico 19:18: devemos amar a Deus de todo o nosso coração, de toda a nossa alma, de todas as nossas forças e de todo o nosso entendimento, e devemos amar ao nosso próximo como a nós mesmos.

Esse homem compreendeu completamente a pergunta. Jesus concordou dizendo: "...Respondeste corretamente; faze isto e viverás" (v.28).

O mestre da lei poderia ter colocado um ponto final na questão, mas não o fez. Ele pressionou Jesus com outra pergunta: "...Quem é o meu próximo?" (v.29). Para respondê-la, Jesus contou uma daquelas histórias maravilhosas que nos pegam de surpresa.

A história era sobre um homem que viajava de Jerusalém para Jericó num caminho montanhoso poeirento. Alguns ladrões o atacaram, deixaram-lhe desnudo, espancaram-no e o largaram semimorto. Primeiro, um sacerdote passou por lá. Pode ser que ele tivesse acabado de terminar a semana de serviço em Jerusalém e estivesse a caminho de casa para outro ano. Ele viu este pobre homem, mas se desviou para evitar qualquer contato com ele. Então, um levita passou por lá. Na época de Jesus, os levitas eram um tipo de sacerdotes de hierarquia inferior que cantavam no momento do sacrifício e atuavam como porteiro e servos dos sacerdotes de classe superior. O levita, assim como o sacerdote, olhou para o homem ferido e passou para o outro lado do caminho.

A terceira pessoa que passou era um samaritano. Você precisa entender quanto os judeus detestavam os samaritanos para ter uma ideia do quanto foi chocante quando Jesus disse que um samaritano passara. Este estrangeiro desprezado viu o homem e, em vez em de fazer o que os judeus religiosos tinham feito, parou, vestiu-o e tratou dos ferimentos do homem, colocou-o sobre seu animal e o levou até uma hospedaria onde cuidou dele. O samaritano até pagou o dono da hospedaria para que continuasse a cuidar do ferido, enquanto ele prosseguia sua viagem.

Qual era a moral da história? Quando Jesus terminou a parábola, Ele perguntou ao mestre da lei: "Qual destes três te parece ter sido o próximo do homem que caiu nas mãos dos salteadores?" (v.36). É claro que o homem teve de dizer: "O que usou de misericórdia para com ele. Então, [Jesus] lhe disse: Vai e procede tu de igual modo" (v.37).

Não foi exatamente o que Marta tinha feito? Ela não recebera a incumbência de tratar Jesus e Seus discípulos gentilmente? Ela não estava atendendo à necessidade de outra pessoa? Com certeza! Ela não estava sendo uma boa samaritana enquanto Maria ignorava as necessidades físicas de seus convidados, assim como os dois líderes religiosos tinham ignorado o homem que fora espancado e roubado?

Dê uma segunda olhada na resposta pela qual Jesus elogiou esse mestre da lei do primeiro século: devemos amar a Deus de todo o nosso coração, de toda a nossa alma, de todas as nossas forças e de todo o nosso entendimento, e devemos amar ao nosso próximo como a nós mesmos.

Repare na ordem dos dois amores: Deus primeiro; depois, o próximo. Não o contrário. Não é uma questão de contrastar a vida ativista com a vida contemplativa. É uma questão de prioridades. Colocamos ouvir a aprender a Palavra de Deus antes de servir. Isso nos prepara e nos inspira para o nosso serviço a Deus em prol dos outros.

O que Jesus queria naquele dia não eram as lentilhas nem o cordeiro de Marta, mas a própria Marta. O único prato que ela não poderia preparar em sua cozinha era seu relacionamento com Deus. Ela poderia preparar esse prato apenas permanecendo aos pés de Jesus e pedindo que Ele provesse o alimento para a sua alma.

Marta queria que Jesus aliviasse sua carga naquele dia. Ele fez exatamente isso, mas não do jeito que ela pensou que deveria ser feito. Ele sabia que nosso relacionamento com Deus não se desenvolve em meio a ocupações e preocupações. A única coisa necessária é ouvir Deus falar conosco. Maria escolheu investir tempo nesse relacionamento essencial e não se distrair com coisas secundárias.

"Marta deve ser uma Maria", escreveu um comentarista, "e a verdadeira Maria também deve ser uma Marta; ambas são irmãs". Isso me leva de volta ao seletor de tensão da linha na minha máquina de costura. Se a pressão na linha principal estiver frouxa demais, a parte de baixo do tecido será emaranhada com o excesso de linha. A costura não tem força. Ela se rasga em pedaços no momento em que lhe aplicamos um pouco de pressão. A única coisa que a costureira pode fazer é arrancar todas as linhas, ajustar a tensão e recomeçar.

Também não teremos uma costura efetiva se as linhas não forem alimentadas pelo carretel superior e pela bobina inferior. Poderíamos tentar costurar o dia todo apenas com o carretel superior da máquina de costura, e nada no recipiente da bobina, e não teríamos uma única costura. Tanto a linha de Marta quanto a linha de Maria devem ser adequadamente alimentadas e devem integrar-se para ter alguma costura. O equilíbrio entre as duas deve estar finamente ajustado para a costura resultante ser forte e aproveitável.

Vivemos neste mundo. Isto significa que nos preocupamos com alimentação e roupas, com a casa e com a família, com emprego e estudos. Mas também vivemos no mundo do espírito, onde nos preocupamos com nosso relacionamento com Deus. Esse era o verdadeiro problema de Marta. Ela estava costurando sem linha na bobina.

Para acertar nosso serviço, acertamos nossas prioridades. Deixamos que Jesus ministre a nós antes que possamos ministrar por Ele. Esta é a ordenança de Deus: que primeiro amemos ao Senhor, o nosso Deus, de todo o nosso coração, de toda a nossa alma, de todas as nossas forças e de todo o nosso entendimento, e então estaremos preparadas para ir e amar ao nosso próximo como a nós mesmas. Se fizermos o contrário, poderemos terminar nos sentindo extenuadas e desconsideradas. Mas quando mantivermos nossas prioridades alinhadas com as prioridades de Deus, descobriremos que o Senhor nos capacita a fazer o que precisa ser feito com alegria e satisfação.

Maria e Marta

Questões para reflexão pessoal ou grupo de estudo

1. Quando você pensa em Marta e Maria, com quem você se identifica naturalmente?

2. Que passos você poderia dar para adquirir um melhor equilíbrio entre as prioridades de Maria e as prioridades de Marta na sua vida?

3. De que forma as preocupações de uma mulher afeta o relacionamento dela com Deus?

4. O que você aprendeu com Maria e com Marta que afetará seu discipulado no futuro?

Marta e Maria

COMO NUTRIR ESPERANÇA EM TEMPOS DE PERDA

QUANDO O MEU ESPOSO terminou os seus estudos no seminário, em 1956, nos mudamos, para iniciar o seu primeiro trabalho como pastor, numa pequena cidade em outro estado. À medida que fomos conhecendo a liderança da igreja, aprendemos a valorizar um casal de idosos. Gene, um carpinteiro aposentado, vinha à igreja todas as manhãs, para ajudar a construir uma ala adicional na igreja, para a área de ensino. Mae, sua esposa, passava pela obra quase diariamente. Admirávamos o compromisso incansável que eles tinham com Jesus Cristo e com a Sua igreja, o qual vivenciavam diante dos nossos olhos todos os dias.

Cerca de seis meses após a nossa chegada, um telefonema trouxe a notícia de que o seu único filho, Daniel, acabara de morrer num acidente em uma mina de carvão. Atravessamos apressados a cidade para estar com Gene e Mae, pois sabíamos que estavam lutando com o choque e a incredulidade. Seria um tempo de aflição passar por esse momento de sofrimento e perda. Mas sabíamos que eles o venceriam. Eles tinham todos os recursos cristãos para apoiá-los durante esta crise. Outros amigos também vieram e estávamos confiantes de que toda uma comunidade estaria com eles, com a sua nora e dois netos, demonstrando o seu amor e preocupação.

Alguns dias depois do funeral, Gene voltou para o seu trabalho voluntário na construção da igreja. Mas aos domingos, ele vinha à igreja sozinho. Quando o levamos para a sua casa, sentimos que ele estava encontrando forças para superar o seu sofrimento, mas com Mae foi diferente.

Ao perguntar-lhe a respeito dela, soubemos que desde o momento em que ouviram sobre o acidente, Mae deu às costas para Deus. Como ela poderia crer num Deus que lhes negava o único filho, e negava que seus netos tivessem um pai? Deus não poderia ser amoroso e bondoso, e ao mesmo tempo deixá-los passar por tamanho golpe. Sempre que a visitávamos, ouvíamos as suas queixas contra Deus. Estava claro que os elementos da sua fé e os acontecimentos de sua vida não combinavam. A fé que pensamos que iria sustentá-la, agora parecia atrapalhá-la.

Mae recordou-me duas outras mulheres que enviaram pessoas a Jesus quando o seu irmão estava seriamente doente. Mas Jesus não chegou a tempo para ajudá-las. Quando Ele finalmente apareceu, ambas lhe disseram: "...Senhor, se estiveras aqui, não teria morrido meu irmão" (JOÃO 11:21,32). Estas duas irmãs tinham fé suficiente para crer que se Jesus tivesse vindo, Ele poderia ter curado o seu irmão. Mas parecia que Jesus as abandonara. Encontramos essa história no evangelho de João, e ela começa da seguinte maneira:

> *Estava enfermo Lázaro, de Betânia, da aldeia de Maria e de sua irmã Marta. Esta Maria, cujo irmão Lázaro estava enfermo, era a mesma que ungiu com bálsamo o Senhor e lhe enxugou os pés com os seus cabelos. Mandaram, pois, as irmãs de Lázaro dizer a Jesus: Senhor, está enfermo aquele a quem amas. Ao receber a notícia, disse Jesus: Esta enfermidade não é para morte, e sim para a glória de Deus, a fim de que o Filho de Deus seja por ela glorificado. Ora, amava Jesus a Marta, e a*

sua irmã, e a Lázaro. Quando, pois, soube que Lázaro estava doente, ainda se demorou dois dias no lugar onde estava (11:1-6).

Esse é o cenário. Lázaro estava doente. As suas duas irmãs, Maria e Marta voltaram-se imediatamente ao seu amigo Jesus, esperando que viesse logo para curar seu irmão, antes que fosse tarde demais.

Sabendo que Jesus amava estas três pessoas, esperaríamos que Ele partisse sem demora, a fim de fazer o possível para livrá-los da ansiedade e do sofrimento. No entanto, vemos que Jesus não respondeu da forma como as duas irmãs esperavam. Em vez de sair diretamente para Betânia, Ele permaneceu onde estava por mais dois dias.

Um princípio importante na vida é que o amor permite o sofrimento. Nós não o queremos desta forma. Queremos crer que se Deus realmente nos ama, Ele não permitirá que dor alguma invada a nossa vida. Mas não é assim. O amor de Deus não nos garante um refúgio das experiências difíceis que são necessárias para o nosso crescimento espiritual. O amor e a demora são compatíveis.

Se Jesus tivesse se apressado em ir para Betânia, assim que recebeu notícias da doença de Lázaro, Maria e Marta não teriam ficado suspensas entre a esperança e o medo — esperança de que aquele que poderia ajudar o seu irmão chegaria a tempo, e medo de que Ele chegasse tarde demais. Teriam sido poupadas da angústia de ver Lázaro morrer. Teriam evitado a agonia daqueles últimos momentos, antes de fecharem os olhos de seu irmão e de preparar o seu corpo para o sepultamento. Teriam sido poupadas da desolação da perda.

Mas Jesus não veio. Ele sabia que era tempo de Maria, Marta e Seus discípulos aprenderem o que não poderiam aprender, se Ele interviesse imediatamente. O capítulo 11 relata como Jesus tinha o controle completo da situação. Ele sabia exatamente o que estava fazendo. Sabia que o crescimento espiritual de Marta, Maria e do grupo de discípulos que viajava com Ele, dependia do momento certo. Como sabemos isso? Leia João 11:7-16.

Marta e Maria

Depois, disse aos seus discípulos: Vamos outra vez para a Judeia. Disseram-lhe os discípulos: Mestre, ainda agora os judeus procuravam apedrejar-te, e voltas para lá? Respondeu Jesus: Não são doze as horas do dia? Se alguém andar de dia, não tropeça, porque vê a luz deste mundo; mas, se andar de noite, tropeça, porque nele não há luz. Isto dizia e depois lhes acrescentou: Nosso amigo Lázaro adormeceu, mas vou para despertá-lo. Disseram-lhe, pois, os discípulos: Senhor, se dorme, estará salvo. Jesus, porém, falara com respeito à morte de Lázaro; mas eles supunham que tivesse falado do repouso do sono. Então, Jesus lhes disse claramente: Lázaro morreu; e por vossa causa me alegro de que lá não estivesse, para que possais crer; mas vamos ter com ele. Então, Tomé, chamado Dídimo, disse aos condiscípulos: Vamos também nós para morrermos com ele.

Esse era o tempo divino. Os israelitas não teriam conhecido Deus como seu Libertador, se não tivessem sido escravos no Egito. Davi não conheceria Deus como sua Rocha e Fortaleza, se não tivesse sido caçado por Saul nas montanhas de En-Gedi. Jesus sabia que Maria e Marta nunca o conheceriam como a ressurreição e a vida, se Lázaro não tivesse morrido. As nossas experiências dolorosas podem nos revelar Deus de novas maneiras. Jesus sabia exatamente o que estava fazendo.

Em Sua chegada, Jesus viu que Lázaro já estava no túmulo havia quatro dias. Muitos judeus tinham vindo de Jerusalém para Betânia, a fim de confortar Marta e Maria pela perda de seu irmão. A compaixão para com eles era a primeira de todas as obrigações. Nada era mais importante do que chorar com os enlutados.

No clima quente de Israel, os defuntos tinham que ser sepultados imediatamente, depois da morte. As mulheres ungiam o corpo com as mais finas especiarias e óleos, então o envolviam em lençóis de linho, com as mãos e os pés ajustados ao corpo, como um embrulho, e a cabeça envolta em uma toalha. Quem pudesse, viria para se juntar à procissão desde a casa até o túmulo. É curioso, as mulheres iam à frente porque segundo os mestres daqueles dias, a responsável pela morte ter entrado neste mundo foi uma mulher com o seu pecado, no Jardim do Éden.

No túmulo, amigos faziam discursos memoriais. Então, se alinhavam em duas longas filas, e os membros da família caminhavam pelas mesmas. Enquanto o corpo da pessoa morta permanecesse na casa, não era permitido que a família preparasse comida, que comesse carne, tomasse vinho ou estudasse naquele local. Quando o corpo era levado, todos os móveis eram virados de cabeça para baixo e as pessoas se sentavam no chão ou em banquetas baixas. Quando voltavam do túmulo, eles comiam uma refeição à base de pão, ovos cozidos e lentilhas, simbolizando a vida, a qual estava sempre caminhando em direção à morte.

O luto profundo durava sete dias, nos quais ninguém podia se ungir, colocar sapatos, envolver-se em estudos ou negócios ou mesmo se lavar. Depois, seguia-se um luto mais ameno de 30 dias.

Em meio a este período de grande luto, Marta ouviu que Jesus estava entrando na vila. Violando as convenções da cultura, ela saiu para encontrá-lo, enquanto Maria permaneceu na casa. A conversa extraordinária que Marta e Jesus tiveram, está registrada em João 11:21-27.

> *Disse, pois, Marta a Jesus: Senhor, se estiveras aqui, não teria morrido meu irmão. Mas também sei que, mesmo agora, tudo quanto pedires a Deus, Deus to concederá. Declarou-lhe Jesus: Teu irmão há de ressurgir. Eu sei, replicou Marta, que ele há de ressurgir na ressurreição, no último dia. Disse-lhe Jesus: Eu sou a ressurreição e a vida. Quem crê em mim, ainda que morra, viverá; e todo o que vive e crê em mim não morrerá, eternamente. Crês isto? Sim, Senhor, respondeu ela, eu tenho crido que tu és o Cristo, o Filho de Deus que devia vir ao mundo.*

"Senhor, se estiveras aqui, não teria morrido meu irmão". Nesta afirmação, Marta deu vazão à dúvida sobre se Jesus tinha poder ilimitado. Se Ele estivesse ali, isto não teria acontecido. Ele devia estar presente para curar o seu irmão. No entanto, a sua confiança total em Jesus transparece em suas palavras: "...Mas também sei que, mesmo agora, tudo quanto pedires a Deus, Deus to concederá..." (v.22).

Jesus lhe respondeu, direcionando a mente de Marta para a promessa da ressurreição: "Teu irmão há de ressurgir". Ela parecia impaciente, ao responder novamente: "Eu sei [...] que ele há de ressurgir na ressurreição, no último dia".

Ela conhecia a verdade e sabia bem a doutrina. Na verdade, ela tinha uma base espiritual mais forte do que os saduceus, que negavam a ressurreição. Em sua afirmação, ela testemunhou dos fortes ensinamentos da fé da sua nação. Mas ela não encontrou grande conforto no futuro. Naquele momento, precisava de algo mais imediato do que um evento distante como a ressurreição no último dia. Em seu momento de luto, a doutrina certa não foi particularmente consoladora.

Jesus viu isso e transformou a ideia de Marta de ressurreição como uma realidade distante em um acontecimento presente: "Eu sou a ressurreição e a vida".

O que será que ela sentiu naquele momento dramático? "Eu sou a ressurreição e a vida". Com essas palavras surpreendentes, Jesus conduziu os pensamentos dela de uma esperança indistinta no futuro para um fato presente. Ele deu à sua fé um objeto verdadeiro — a si mesmo. Confiança em Jesus Cristo, o Deus-homem, que é a ressurreição e a vida, podia substituir a sua vaga esperança num acontecimento futuro.

Como conseguimos esta confiança? Jesus nos demonstra como, nos versículos 25 e 26: "...Quem crê em mim, ainda que morra, viverá; e todo que vive e crê em mim não morrerá, eternamente...".

Quando cremos em Jesus Cristo, adquirimos uma qualidade de vida que é maior do que a morte. A morte não é mais o fim da vida, mas a porta para uma vida maior. As pessoas chamam o nosso mundo de "o lugar dos vivos". Melhor seria chamá-lo "o lugar dos que estão morrendo". Nós começamos a morrer a partir do momento em que nascemos, e nossa vida é um caminhar implacável em direção à morte. Mas os que creem em Jesus Cristo sabem que quando a morte chega, não deixamos o mundo dos vivos, mas entramos no mundo dos vivos. Não estamos a caminho da nossa morte. Estamos a caminho da vida. É isto o que significa nascer de novo. É isto o que significa ter vida eterna. É isto o que significa crer em Jesus Cristo.

Como Jesus terminou a Sua afirmação? Ele perguntou: "…Crês isto?" (v.26). Com esta pergunta, Ele a conduziu à questão da fé pessoal. A fé que conduz à vida eterna nunca poderá ser uma fé que herdamos de nossos avós ou que adquirimos por estarmos sempre perto de um pastor. Trata-se de um compromisso pessoal que cada uma de nós deve assumir.

Marta deu uma resposta notável à pergunta de Jesus: "Sim, Senhor […], eu tenho crido que tu és o Cristo, o Filho de Deus que devia vir ao mundo" (v.27). Compare esta resposta com a grande confissão de Pedro. Jesus havia perguntado: "Mas vós […] quem dizeis que eu sou?" Pedro respondeu: "…Tu és o Cristo, o Filho do Deus vivo" (MATEUS 16:15,16). Jesus então lhe disse que a igreja seria edificada sobre a base desta confissão e desta verdade.

Marta entendeu a mesma verdade. Onde ela a havia aprendido? Será que ela se sentou aos pés de Jesus? Será que o tinha ouvido quando falou às multidões? Está claro que esta mulher, mesmo com uma fé imperfeita, compreendeu a verdade central sobre a qual poderia crescer: Jesus é aquele enviado por Deus.

Isto também se aplica a nós, hoje. É por esta verdade, que Marta declarou naquele dia em Betânia, há mais de dois mil anos, que você e eu chegamos àquele que é a ressurreição e a vida. Nós não poderemos começar a crescer, até vermos Jesus como Ele é e nos aproximarmos dele tal como somos.

※

Após esta troca, Marta voltou para casa e, chamando Maria à parte, contou-lhe que o Mestre havia chegado e chamava por ela. Maria se levantou rapidamente e foi encontrar Jesus. Ela, por sua vez, falou as mesmas palavras que Marta tinha dito: "Senhor, se estiveras aqui, meu irmão não teria morrido". As mesmas palavras de sua irmã, mas com uma omissão. Marta havia acrescentado: "...Mas também sei que, mesmo agora, tudo quanto pedires a Deus, Deus to concederá" (JOÃO 11:22). Marta, apesar de todas as suas falhas, expressava a sua fé. Maria, em contraste, estava devastada por seu sofrimento. Ela estivera aos pés de Jesus e aprendera dele. Mas agora, em Sua presença, sentia-se atormentada pela tristeza que a consumia.

Quando lemos a outra história de Maria e Marta registrada em Lucas 10, parecia que Maria foi a "espiritual" e Marta a "não espiritual". Agora, quando olhamos para estas mesmas duas mulheres neste contexto, descobrimos que Marta, tão prática, havia entendido o suficiente para fazer uma confissão magnífica da sua fé em Jesus Cristo. Maria, em contrapartida, estava envolvida demais em sua perda, para fazer mais do que dizer: "Senhor, se estiveras aqui, meu irmão não teria morrido".

Observe como Jesus se ajustou à necessidade de cada irmã. Com Marta, mesmo em um tempo de profundo luto, Ele falou de verdades teológicas profundas. Com Maria, Ele teve compaixão. Ele a encontrou onde ela estava, a fim de conduzi-la a uma fé mais profunda. Isto também acontece conosco. Deus começa a trabalhar em nós, onde estamos. Mas não nos deixa ali. Ele nos conduz a um nível mais profundo de fé.

Quatro dias haviam se passado desde a morte de Lázaro. Normalmente, os túmulos na época eram uma caverna com prateleiras nos três lados de uma rocha. Em sua abertura, era feito um entalhe no chão e colocava-se ali uma grande pedra redonda, para que pudesse ser tirada da entrada da caverna. Para os judeus, era importante que a entrada fosse bem selada. Eles acreditavam que os espíritos dos falecidos pairavam por entre os túmulos por quatro dias, tentando entrar novamente em seu corpo. Mas após quatro dias, o corpo estaria em tal deterioração que não poderiam reconhecê-lo.

Os pranteadores haviam seguido Maria e agora estavam reunidos à frente da caverna. Do seu ponto de vista, quanto mais lamentavam a morte de alguém, mais honra estavam dando à pessoa morta. Os que vieram para consolar Maria e Marta não estavam chorando silenciosamente, com cabeças inclinadas. Eles estavam honrando Lázaro com gemidos incontroláveis, com gritos histéricos.

Jesus se encontrava no meio desta multidão de lamentadores. João descreveu o Seu comportamento com uma palavra grega que não é traduzida de forma correta em muitas Bíblias (vv.33,38). Jesus estava mais do que agitado no espírito. Ele estremeceu de indignação.

Indignado com o quê? Jesus estava ali parado naquele dia como o Senhor da vida, aquele que acabara de dizer a Marta que Ele era a ressurreição e a vida. Agora, Ele se encontrava frente a frente com todos os efeitos da queda do homem: morte, miséria humana e coração consternado. Ele veio a este mundo para libertar-nos da morte e da condenação. Ele sabia que ao confrontar-se e vencer a morte naquele dia, a vitória final viria de uma única maneira. Ele também teria que passar pela morte — experimentar o seu gosto amargo. Ele teria que morrer.

Ele estremeceu — estremeceu diante do horror da morte. Estremeceu com as consequências do pecado e com a dor da separação. E estremeceu com a indignação de que tudo isto tinha que acontecer. Então agiu. Ele falou quatro vezes.

Falando aos pranteadores, simplesmente disse: "...Tirai a pedra..." (JOÃO 11:39). Ele podia ter ordenado para que a pedra se movesse por si, sem ajuda humana, mas não. Os que estavam ali naquele dia, receberam essa tarefa. Deus administra o poder divino de acordo com a sua necessidade. Ele quer que nós façamos o que está ao nosso alcance. E nos coloca à prova, envolvendo-nos em Seus milagres.

"Tirai a pedra." Será que os judeus que estavam ali, ouviram bem as Suas palavras? Tirar a pedra? Ele certamente não estava falando sério! Marta deu voz aos pensamentos dos judeus presentes, quando protestou: "...Senhor, já cheira mal, porque já é de quatro dias" (v.39). Marta não tinha compreendido o significado da conversa com Jesus, pouco antes. Jesus precisou lembrá-la: "...Não te disse eu que, se creres, verás a glória de Deus?" (v.40). Jesus atuou para elevar a fé desta mulher a um nível mais alto, de maneira que ela conseguisse olhar além do que é terreno, prático e mundano para ver a realidade espiritual. "Tirai a pedra."

Na segunda vez que Jesus falou, Ele se dirigiu a Deus: "...Pai, graças te dou porque me ouviste. Aliás, eu sabia que sempre me ouves, mas assim falei por causa da multidão presente, para que creiam que tu me enviaste" (vv.41,42). Marta tinha dito que acreditava nessa verdade. Mas, e os outros? E Maria? E os discípulos? Jesus reivindicou a Sua divindade para conduzir as pessoas à fé.

A terceira vez que Jesus falou, Ele se dirigiu a Lázaro: "...Lázaro, vem para fora!" (v.43). O homem morto saiu cambaleando, suas mãos e pés envoltos em faixas de linho e uma toalha ao redor do seu rosto. A multidão recuou, boquiaberta. Será que os seus sentidos estavam pregando uma peça em suas mentes? Eles tinham visto um defunto sendo carregado para dentro daquele túmulo, quatro dias antes. Não podia ser verdade que Lázaro estivesse vivo outra vez!

Jesus não orou: "Pai, ressuscita-o da morte!" E também não disse: "Em nome do Pai, venha para fora". Ele tinha dito para Marta que Ele era a ressurreição e a vida. Ele estava agindo em Sua própria autoridade. Ele era o Senhor da vida, e por isso Lázaro saiu da sepultura.

A quarta vez que Jesus falou, dirigiu-se novamente à multidão assombrada: "...Desatai-o e deixai-o ir" (v.44). Os que se encontravam ali, completamente atônitos, precisavam tocar Lázaro e ver com os próprios olhos que ele não era um fantasma.

Aqui aconteceram duas coisas. Primeiro, muitos dos judeus que tinham vindo visitar Maria, creram em Jesus (v.45). Este foi o resultado imediato. Segundo, as notícias deste milagre inacreditável, logo chegaram a Jerusalém, aos ouvidos dos líderes religiosos. Eles viam Jesus como uma ameaça ao seu poder. Convocaram uma reunião do Sinédrio para selar o Seu destino, com a sentença de morte.

Uma sentença de morte? Sim, para o Senhor. Mas para todos os que cremos, uma sentença de vida. Ele é a ressurreição e a vida. Todo aquele que crê nele, ainda que morra, viverá. Quem vive e crê nele, nunca morrerá. Você crê nisto?

Os antigos contadores de história de diversos países contavam sobre uma fabulosa, sagrada para o sol, chamada fênix. Nada na Terra se comparava a este enorme pássaro, coberto de penas brilhantes que refletiam o arco-íris. Não apenas não houve outro pássaro tão belo, mas nenhum cantava tão docemente, tampouco vivera por tanto tempo. Os contadores de histórias não concordavam com a idade da fênix. Alguns diziam que o pássaro viveu por 500 anos, outros falavam que viveu mais de 12 mil anos.

Seja qual for a duração da sua vida, quando esses anos terminaram, a fênix fez para si um ninho de galhos de árvores de especiarias, colocou fogo em seu ninho, e, com ele, foi consumida pelas chamas. Nada sobrou, exceto uma dispersão de cinzas sobre a Terra. Mas então, segundo esses contadores de histórias, uma brisa pegou essas cinzas e de alguma forma a partir delas levantou-se outra fênix, um novo pássaro de fogo ainda mais esplêndido do que a outra que tinha morrido. Ela abriria as asas, contam eles, e voaria até o sol.

Os contadores de histórias narravam este mito com a esperança de que isto pudesse ser verdade. Eles falavam de algo profundo que existe em cada ser humano — o anseio de que das tragédias da vida, algo melhor e mais magnífico surja. Ainda assim, o que esses contadores de histórias podiam apenas imaginar, contém uma verdade, da qual Jesus é a realidade. Assim como a mais gloriosa ave fênix pode surgir somente das cinzas da sua morte e do seu ninho consumido, também uma grande fé surge apenas das nossas esperanças desfeitas e de nossos sonhos arruinados.

O teólogo Donald Grey Barnhouse escreveu: "Se Deus quer que você confie nele, Ele vai colocá-lo num lugar de dificuldades. Se Ele quer que você confie nele grandemente, Ele o colocará num lugar de impossibilidade. Pois quando algo é impossível, nós que estamos tão propensos a mover as coisas pelas forças do nosso próprio ser, podemos dizer: 'Senhor, tu tens que fazê-lo. Eu sou completa e absolutamente nada'."

Lázaro ressuscitou para morrer outra vez. As irmãs foram uma segunda vez ao túmulo com o corpo sem vida de seu querido irmão. Desta vez, não houve ressurreição. Mas Jesus havia dado vitalidade à teologia de Marta: "...Quem crê em mim, ainda que morra, viverá; e todo o que vive e crê em mim não morrerá, eternamente..." (vv.25,26). Se você crê no Deus da ressurreição, pode enfrentar o cemitério e saber que até da morte pode surgir vida. Conforme as palavras atribuídas a Francisco de Assis, *é morrendo que se vive para a vida eterna*.

Mas nem todos os funerais conduzem à vida. Quando Mae perdeu o seu único filho, ela perdeu de vista Deus, o Seu poder e amor. Ela não conseguia enxergar que a fênix surge das cinzas de sua própria morte. Ela deixou de ver a realidade de que a vida invade a morte. Esqueceu-se — ou nunca soube — que Jesus Cristo experimentou a morte para vencê-la para todo o sempre e por toda a eternidade.

Quando experimentamos a dor de uma perda, podemos não enxergar a fênix. Mas Jesus nos diz as mesmas palavras que disse a Marta há mais de dois mil anos, na estrada para Betânia: "...Eu sou a ressurreição e a vida..." (JOÃO 11:25). Depois da morte, vem a ressurreição. Podemos confiar no tempo perfeito de Deus. Podemos confiar em Seu amor. Ao aprendermos que Deus está conosco em nossas perdas e nosso sofrimento, podemos sobreviver às nossas experiências difíceis, ficando mais fortes na fé e na esperança. O que permitirmos Cristo fazer em nossas circunstâncias, fará toda a diferença.

Questões para reflexão pessoal ou grupo de estudo

1. Quais foram, em sua opinião, as pedras de tropeço à fé de Marta e Maria?

2. Você pode identificar alguns obstáculos para a fé em sua vida? Em caso afirmativo, quais são eles?

3. Como o fato de saber quem é Jesus pode fazer diferença em sua fé?

4. De que forma você pode experimentar os benefícios imediatos (ou seja, poder ou força) a partir de sua fé?

Reflexão pessoal

A mulher siro-fenícia

COMO ALCANÇAR FÉ
NAS CRISES DA VIDA

A MAIORIA DE NÓS, que somos mães, experimenta aqueles momentos de pânico interior que acontecem quando um dos nossos filhos deve ser levado às pressas, inconsciente, a um hospital depois de um acidente ou quando a temperatura dele chega aos 40 graus no meio da noite. Embora meus filhos sejam adultos hoje, ainda sinto um "nó" no estômago quando me lembro de como eu me sentia impotente e desesperada toda vez que isso acontecia. Nesses momentos, oramos, não apenas mentalmente, mas de algum lugar das entranhas, sabendo que todos os recursos para salvar nosso filho estão fora de nós mesmas.

Se chegarmos ao médico a tempo, poderemos descobrir que antibióticos ou internação hospitalar serão suficientes para devolver a saúde ao nosso filho. Ou os especialistas poderão nos dizer que esta criancinha inestimável viverá com uma deficiência. Isso pode ser uma sentença de morte em vida capaz de nos enviar a uma busca interminável por diagnósticos diferentes ou por uma cura milagrosa.

Marcos, o autor de um dos evangelhos, nos conta sobre uma mãe muito desesperada:

Marta e Maria

...porque uma mulher, cuja filhinha estava possessa de espírito imundo, tendo ouvido a respeito dele [de Jesus], veio e prostrou-se-lhe aos pés. Esta mulher era grega, de origem siro-fenícia... (7:25,26).

Uma filha endemoninhada. O que isso significava para esta mãe aflita? Os especialistas que investigavam a possessão demoníaca nos tempos do Novo Testamento e os que o fazem na contemporaneidade descobriram três características sempre presentes numa pessoa endemoninhada.

Primeiro, os traços faciais são distorcidos, às vezes a tal ponto que a pessoa não é mais reconhecível. Junto a isto, a pessoa endemoninhada contorcerá o corpo, em alguns casos, ou se agitará fisicamente. Segundo, a voz se modifica, frequentemente se tornando mais grave, a ponto de a voz feminina parecer a voz de um homem. Terceiro, a pessoa demonstra uma personalidade diferente. Uma pessoa religiosa pode tornar-se grosseira ou obscena. Uma pessoa gentil pode tornar-se agressiva e cruel. Uma pessoa refinada pode usar apenas linguagem vulgar.

Histórias de casos enfatizam a força extraordinária de tais pessoas. Em casos documentados, é preciso de três a quatro adultos para conter uma criança endemoninhada.

Que terror esta mãe deve ter sentido ao ver sua garotinha se tornar alguém irreconhecível para ela. Ver o brilho de seus olhos substituído por uma dureza cintilante. Ver seu sorriso se deformar numa careta sinistra. Ouvir uma voz que não era a voz de sua garotinha. Esperar a voz familiar e ouvir os tons graves e a pronúncia esquisita. Observar uma personalidade surgir que lhe era estranha e repulsiva. Para onde sua menininha havia ido? O que acontecera com sua filha que já não conseguia ser contida nem amada? O que poderia ser feito para trazer de volta a criança dócil e delicada que desaparecera dentro do corpo deste monstro?

O que tinha saído errado? O que ela poderia ter feito para impedir que isso acontecesse com sua garotinha? Em que aspectos ela tinha falhado como mãe? De que forma ela poderia aplacar a ira dos deuses por seu fracasso e assim libertar sua filha deste demônio amaldiçoado?

Como deve ter sido viver cada dia com medo, sem saber o que aconteceria? Será que sua filha a perturbaria? Será que a atacaria? Será que se dirigiria cruelmente contra as crianças da vizinhança? Atormentando-se dia e noite, esta mãe desesperada deve ter ido atrás de qualquer remédio possível que pudesse libertar sua filha deste cativeiro.

Não sabemos como esta mulher ouviu falar de Jesus. Também não sabemos o que ela ouviu a respeito dele. O que alguém lhe dissera que a fez ter certeza de que Ele poderia ajudá-la? Sabemos apenas que ela tinha ouvido algo que a impulsionou ir até Ele em busca de ajuda.

Quando essa história começa, Jesus estava ministrando na Galileia, província judaica ao norte da Palestina, além de Samaria. Por motivos que não nos são explicados no texto, Jesus optou por retirar-se do território judaico para um país vizinho na costa mediterrânea:

> *Levantando-se, partiu dali para as terras de Tiro [e Sidom]. Tendo entrado numa casa, queria que ninguém o soubesse; no entanto, não pôde ocultar-se* (MARCOS 7:24).

Até a Galileia, uma jornada de diversos dias a pé de Jerusalém, Jesus não conseguiu escapar dos líderes religiosos que o perseguiam para onde quer que Ele fosse. Marcos 7 inicia com alguns fariseus e mestres da lei provenientes de Jerusalém tentando armar uma cilada para Jesus, a fim de que Ele falasse contra a lei de Moisés. Após um debate sobre o que era ritualmente puro ou impuro, Jesus se afastou dos líderes religiosos e dirigiu-se a uma grande multidão que o seguia por onde quer que Ele fosse: "...Ouvi-me, todos, e entendei. Nada há fora do homem que, entrando nele, o possa contaminar; mas o que sai do homem é o que o contamina" (vv.14,15).

Marta e Maria

Este era um assunto delicado com os líderes religiosos do judaísmo. Eles haviam passado a vida guardando todas as minúcias da Lei. Viviam com medo de qualquer contaminação vinda de fora que os tornasse ritualmente impuros. Quando este jovem rabino deixou Seus seguidores comer sem obedecer a todos os rituais de purificação, esse ato ameaçou tudo aquilo em que eles acreditavam. Desafiou a profissão de fé à qual eles haviam dedicado a vida para seguir. Poderia destruir a confiança daqueles que os apoiam neste legalista estilo de vida. Em resumo, se Jesus continuasse a dizer estas coisas, Ele poderia tirá-los do negócio.

Não é claro se Jesus deixou a região ao redor do mar da Galileia para evitar confronto com os líderes religiosos ou se Ele pode simplesmente ter precisado de um tempo longe das multidões que o cercavam dia e noite. Qualquer que seja o motivo, nós o encontramos abrigando-se perto da cidade de Tiro, na esperança de que ninguém soubesse que Ele estava lá. Mas, como Marcos nos diz, num piscar de olhos, já se sabia sobre Sua presença. E uma mulher grega, de origem siro-fenícia, procurou Sua ajuda.

Mateus começa a história desta maneira:

Partindo Jesus dali, retirou-se para os lados de Tiro e Sidom. E eis que uma mulher cananeia, que viera daquelas regiões, clamava: Senhor, Filho de Davi, tem compaixão de mim! Minha filha está horrivelmente endemoninhada. Ele, porém, não lhe respondeu palavra. E os seus discípulos, aproximando-se, rogaram-lhe: Despede-a, pois vem clamando atrás de nós. Mas Jesus respondeu: Não fui enviado senão às ovelhas perdidas da casa de Israel. Ela, porém, veio e o adorou, dizendo: Senhor, socorre-me! (15:21-25).

Tudo o que Marcos nos diz é que a mulher implorou para Jesus expulsar o demônio de sua filha. Mas Mateus delineia uma imagem do nosso Senhor Jesus Cristo que nos choca. Na primeira vez em que a mulher se aproximou dele, Ele a ignorou. O texto diz: "Jesus não respondeu".

Não gostamos de pensar em Jesus como alguém sendo indiferente a uma pessoa em necessidade. Preferimos um Salvador que sempre esteja pronto para nós, disposto a ouvir nossas orações. No entanto, é claro, no texto, que Jesus ignorou esta atordoada mulher.

Mas ela não desistiu. Sabemos disso porque os discípulos estavam irritados com ela. Ela deve ter sido tão persistente, tão indisposta a ir embora que eles não conseguiam mais aguentá-la. Apelaram, então, a Jesus, pedindo que a mandasse embora, porque ela continuava os incomodando.

O problema não era que os discípulos não estivessem acostumados com multidões. Eles tinham acabado de vir da Galileia, onde aglomerados de pessoas os apertavam para onde quer que eles se virassem. Há meses eles vinham lidando com incômodos a Jesus. Estavam acostumados a isso. Mas algo nesta mulher os aborreceu. Eles imploraram que Cristo a mandasse embora, porque ela os estava enlouquecendo.

Jesus respondeu aos discípulos de uma maneira que parecia não ter nada a ver com o pedido deles. Ele disse simplesmente: "Não fui enviado senão às ovelhas perdidas da casa de Israel" (v.24). A mulher, ainda parada ali, deve ter ouvido Sua observação. Ela teria encontrado pouco consolo nisso. Será que Ele quis dizer que apenas os israelitas poderiam esperar alguma ajuda dele?

Ela já tinha reconhecido que Ele era judeu ao dirigir-se como "Senhor, Filho de Davi" (v.22). Não sabemos com isto quanto ela sabia sobre a religião dos judeus, mas ela sabia sobre o grande rei Davi e compreendia que Jesus era da linhagem deste rei. Será que ela sabia — tinha ouvido falar — que ali estava o Messias dos judeus? Não sabemos. Mas o jeito como ela se dirigiu a Jesus indica que sabia algo sobre quem Ele era e isto a fez perseverar diante do silêncio e, em seguida, da exclusão.

Nada a dissuadiu. No versículo 25, lemos: "Ela, porém, veio e o adorou, dizendo: Senhor, socorre-me!" Então, veio uma terceira resposta negativa: "Deixa primeiro que se fartem os filhos, porque não é bom tomar o pão dos filhos e lançá-lo aos cachorrinhos" (MARCOS 7:27).

As palavras de Jesus aqui não parecem ainda mais duras? Não importa como as interpretemos, Ele parece insultar esta mulher. Em essência, Ele estava lhe dizendo que os judeus precisavam ser alimentados primeiro. O que de direito lhes pertencia não deveria ser dado aos outros até que as necessidades deles fossem supridas. Mas esta mulher inteligente e perspicaz não foi afastada pela declaração de Jesus: "...Sim, Senhor; mas os cachorrinhos, debaixo da mesa, comem das migalhas das crianças" (7:28). Ela o ouviu usar a palavra "cachorrinhos" que realmente significava "filhotes". Era tudo o que ela precisava ouvir.

Enquanto os adultos do Oriente Médio desprezavam os cães por considerá-los criaturas sujas, nas famílias com crianças, os cachorrinhos — filhotes — eram permitidos na casa, como brinquedos. O lugar deles, durante as refeições, era debaixo da mesa. Eles ficavam com as migalhas e, provavelmente, também com os pedaços de alimentos que escorregavam para debaixo da mesa devido a solidariedade das crianças.

Ela respondeu: "Sim, Senhor; mas os cachorrinhos, debaixo da mesa, comem das migalhas das crianças."

Se Jesus tivesse dito o que disse com aspereza na voz, a mulher poderia ter respondido com amargura. Mas Sua voz deve ter atenuado Suas palavras. Imagine Jesus com um brilho nos olhos e um tom de brincadeira em Sua fala. Algo que Ele fez ou disse deu a esta mulher esperança e coragem para reagir como ela o fez.

Ela entrou no espírito da brincadeira e reagiu a Suas palavras de maneira brilhante: "Sim, as crianças devem ser alimentadas. Ninguém questiona isso. Mas os cachorrinhos ainda são capazes de pegar as migalhas. Os judeus têm a porção completa em ti. Eles têm a Tua presença, a Tua palavra, se assentam aos Teus pés. Certamente, eles não me invejarão pelo que pedi. Expulsar o demônio da minha filha não é mais para ti do que deixar cair uma migalha para um cachorrinho.

Ninguém será privado se tu fizeres isto para mim. Senhor, tu tens tanto que, até enquanto as crianças são alimentadas, os cachorrinhos podem pegar as migalhas sem prejudicá-las. Há o suficiente para os Teus filhos e ainda um pouco para mim."

Como o Senhor lhe respondeu? Mateus 15:28 nos mostra:

Então, lhe disse Jesus: Ó mulher, grande é a tua fé! Faça-se contigo como queres. E, desde aquele momento, sua filha ficou sã.

A fé desta mulher é incrível! Ali estava ela, uma mulher cananeia com uma herança religiosa muito diferente da dos judeus. A religião de Canaã era politeísta. Ou seja, as pessoas adoravam muitos deuses. Nos tempos primitivos, os seguidores dessa religião ofereciam sacrifícios humanos. Nos tempos do Antigo Testamento, Jezabel, esposa do rei Acabe, veio da mesma região de Tiro que esta mulher. Jezabel impôs aos israelitas a adoração do deus pagão Baal.

Pelo fato de a religião cananita ser radicalmente diferente da do culto ao único Deus verdadeiro, Jeová ou Javé, esta mulher provavelmente pouco sabia sobre a religião judaica. Mesmo assim, apesar disto, a despeito de provavelmente não ter ouvido falar muitas coisas sobre Jesus e apesar do fato de jamais tê-lo visto antes deste encontro, ela acreditava que Ele poderia ajudá-la.

No judaísmo, Jesus sofria resistência e incredulidade de todos os lados. Mas, fora de Israel, Ele encontrou uma mulher pagã cuja fé o comoveu. Sua fé era maior do que a que os Seus seguidores mais próximos tinham demonstrado.

"Ó mulher, grande é a tua fé!" Ao dizer isso, será que Jesus se lembrou de ter repreendido Pedro com as palavras: "Homem de pequena fé, por que duvidaste?"

No capítulo que precede ao do encontro com a mulher cananeia, Mateus registrou o incidente de Jesus caminhando sobre o mar (14:22-34). Nele, aprendemos que o Salvador tinha enviado os discípulos à frente para atravessar o lago enquanto Ele despedia as multidões e subia o monte para orar. Um vento forte soprara, e os discípulos não conseguiram fazer muito progresso remando seu barco de pesca pelo mar da Galileia. Então, no meio da noite, enquanto lutavam contra a tempestade, viram Jesus caminhar sobre as águas. Eles estavam aterrorizados. Jesus tentou dissipar o medo deles, identificando-se e lhes dizendo para ter coragem e não temer.

Então, Pedro — o Pedro ousado, corajoso e insolente — gritou em meio as ondas: "...Se és tu, Senhor, manda-me ir ter contigo, por sobre as águas" (v.28). Jesus o chamou para ir, e Pedro saiu do barco e começou a andar sobre as águas em direção a Jesus. Então, viu o vento, perdeu a confiança e começou a afundar. Ele gritou: "...Salva-me, Senhor!" (v.30). Cristo imediatamente estendeu a mão e o segurou. O versículo 31 registra a observação de Jesus a Pedro: "Homem de pequena fé, por que duvidaste?"

Pedro, um homem criado na fé judaica, que tinha viajado por toda a Galileia e pela Judeia com Jesus. Pedro, que tinha ouvido o Mestre ensinar e pregar, que o tinha visto curar os enfermos, expulsar demônios e ressuscitar os mortos. Pedro, que tinha todas as razões para ter uma fé forte. A ele, Jesus falou: "Homem de pequena fé, por que duvidaste?"

À mulher cananeia — uma mulher pagã sem os ensinamentos religiosos corretos, que nunca vira Jesus, que sabia quase nada sobre as promessas de Deus aos judeus por meio dos profetas — a ela, Jesus falou: "Ó mulher, grande é a tua fé!" Jesus encontrou fé onde não esperava encontrá-la.

Este contraste vira as coisas ao contrário. Presumimos que a pessoa com o maior conhecimento da Bíblia venha a ser o cristão mais forte, cheio de fé nos momentos de tribulação. Não esperamos muito de alguém que não vai à igreja ou participa de estudos bíblicos. Mas então vemos uma fé forte e persistente numa mulher sem instrução nem vivência espiritual. Em contrapartida, vemos o grande apóstolo, aquele que serviu de líder dos doze discípulos, o grande pregador no Pentecostes, aquele a quem Jesus deu o comissionamento: "...Apascenta as minhas ovelhas" (JOÃO 21:17) — a Pedro veio a repreensão: "Por que duvidaste?" Deus fará vistas grossas para a falta de conhecimento, mas não à incredulidade.

Pedro foi influenciado pelo entorno. Ele foi bem enquanto ignorou o vento e as ondas e continuou caminhando em direção a Jesus. Mas as circunstâncias desviaram sua atenção.

A mulher cananeia, por outro lado, não permitiria que nada a extraviasse de seu objetivo. Ela afastou os discípulos; ignorou o silêncio de Jesus e Sua observação sobre ter sido enviado apenas ao povo de Israel. Ela simplesmente se recusou a deixar que as circunstâncias a desviassem do seu propósito.

Pedro corria exatamente o mesmo perigo de afundar desde o momento em que saiu do barco até arrastar-se de volta com a ajuda de Jesus. Enquanto Pedro pensava que corria enorme perigo sobre as águas do lago, ele na realidade não corria perigo algum. Jesus estava ali. Fé fraca, pequena fé, oscilações como um pêndulo entre grande confiança e grande medo. Em um momento, Pedro estava andando sobre as águas. No momento seguinte, ele estava se afogando. Quando Pedro se lançou ao mar e começou a andar em direção ao Salvador, ele provou que Jesus era digno de confiança. Mas sua confiança evaporou quando ele voltou sua atenção para as circunstâncias.

Pequena fé. Grande fé. Podemos pensar: "Sim, sou mais parecido com Pedro do que com a mulher cananeia. Minha fé não é muita. Ela oscila como um pêndulo. Num momento, estou caminhando sobre as águas. No momento seguinte, estou com água até o pescoço e afundando."

Anime-se! Um pouquinho de fé ainda é fé. Uma gota de água é água em cada partícula tanto quanto um reservatório de água. Uma fagulha é fogo tanto quanto uma labareda. Uma pequena fé ainda é fé.

Marta e Maria

Ainda melhor: uma pequena fé pode se tornar uma grande fé. O Pedro que conhecemos em suas últimas cartas pôde escrever:

Nisso exultais, embora, no presente, por breve tempo, se necessário, sejais contristados por várias provações, para que, uma vez confirmado o valor da vossa fé, muito mais preciosa do que o ouro perecível, mesmo apurado por fogo, redunde em louvor, glória e honra na revelação de Jesus Cristo
(1 PEDRO 1:6,7).

Jesus encontrou esta fé genuína numa mulher que clamou por sua filha. Ela não abriria mão e não desistiria. Esperou mesmo quando Jesus a ignorou e falou com ela com indiferença. Ela simplesmente não aceitou um "não" como resposta. Jesus era a única esperança para a sua filha. Ela viu luz na escuridão e esperou como se Jesus tivesse lhe dado uma promessa em vez de uma recusa.

Spurgeon observou que a grande fé pode ver o sol à meia-noite. A grande fé pode obter colheitas num inverno rigoroso. A grande fé pode encontrar rios em lugares altos. A grande fé não depende da luz do sol. Ela vê o que é invisível por qualquer outra luz. A grande fé espera em Deus.

Jesus se agradou da intensa fé desta mulher. Ele olhou para a sua fé do jeito que um joalheiro olha para uma pedra rara, mas não polida. Ele a provou como um ourives experimentado apara e esmerila impurezas para retirá-las da superfície da gema. Pelo Seu silêncio e por Sua recusa, Ele a poliu até que sua fé reluzisse. Jesus usou sua aflição para fazer sua fé brilhar como uma joia rara.

A crise desta mulher — uma filhinha endemoninhada — levou-a a Jesus Cristo. Sem essa crise, ela poderia ter vivido e morrido e nunca ter visto o Salvador.

As crises podem ser um mecanismo de Deus para nos direcionar a novas maneiras de pensar a respeito dele e a novos níveis de confiança nele. Embora prefiramos a saúde, a doença pode ser boa se nos levar até Deus. Preferimos a segurança, mas as dificuldades servir-nos bem quando nos levam até Cristo.

Uma mulher cananeia cujo nome desconhecemos, uma estrangeira, nos faz lembrar que, em meio as experiências de crises, podemos esperar e confiar em Deus, porque Ele é o único que é digno de confiança.

Questões para reflexão pessoal ou grupo de estudo

1. Por que você pensa que a mulher siro-fenícia teve "grande fé"? De onde veio esta fé?

2. Qual foi o problema de Pedro pelo qual Jesus o repreendeu por ter "pequena fé"?

3. De que maneira você pode demonstrar que é uma mulher de fé?

4. Quais serão alguns dos resultados em sua vida se você também tiver uma "grande fé"?

Reflexão pessoal

A mulher com fluxo de sangue

COMO ENCONTRAR JESUS EM MEIO À DOR

Quando minha amiga Joann conheceu seu futuro marido, e eles viveram um romance de conto de fadas, ela previu que seu casamento cristão seria do tipo "felizes para sempre". Uma década depois, o casamento se desfez bem diante de seus olhos. Seu marido a trocou por outra mulher, e ela começou a longa e dolorosa tarefa de criar sozinha dois meninos pequenos. As frustrações de ser mãe e pai, dona de casa e assalariada a levaram a entrar em depressão e sugaram toda a sua energia. A solidão tornou-se sua companheira constante. Os anos foram marcados por uma luta aparentemente interminável para pagar as contas, criar os dois filhos na hombridade cristã e reconstruir a autoestima que havia sido pulverizada pelo divórcio. Uma das maiores decepções foi a falta de apoio que ela sentiu por parte da família de Deus.

A maioria de nós tem amigas, como minha amiga Joann, que andam aos trancos e barrancos carregando fardos aparentemente insuportáveis, mas que ainda conservam a esperança de que, de alguma maneira, Jesus Cristo pode fazer a diferença em sua vida. Se caminharmos com Jesus por entre os evangelhos, nós o veremos cercado de tais pessoas.

A mulher com fluxo de sangue

Mateus 9 inicia falando sobre um grupo de homens que estava profundamente preocupado com um amigo paralítico. Eles tinham ouvido falar de um jovem rabi chamado Jesus. Será que Ele poderia fazer algo pelo amigo deles? Eles içaram o homem em sua maca e o levaram a Jesus.

Mais tarde, no mesmo capítulo, um chefe da sinagoga suplicou que Jesus fizesse algo por sua filhinha que acabara de morrer. Quando Jesus saiu da casa do chefe, dois cegos o seguiram, clamando: "Tem compaixão de nós, Filho de Davi!" Assim que saíram da presença do Senhor, um homem endemoninhado, incapaz de falar, foi levado a Jesus.

Num único capítulo, Mateus nos revela as necessidades urgentes de muitas pessoas diferentes que tinham algo em comum: a esperança de que, em meio ao desespero arrebatador, Jesus poderia fazer diferença na vida delas.

O evangelho de acordo com Mateus transborda com a compaixão do Mestre pelas pessoas em sofrimento. Termina com as seguintes palavras:

> *E percorria Jesus todas as cidades e povoados, ensinando nas sinagogas, pregando o evangelho do reino e curando toda sorte de doenças e enfermidades. Vendo ele as multidões, compadeceu-se delas, porque estavam aflitas e exaustas como ovelhas que não têm pastor. E, então, se dirigiu a seus discípulos: A seara, na verdade, é grande, mas os trabalhadores são poucos. Rogai, pois, ao Senhor da seara que mande trabalhadores para a sua seara* (9:35-38).

No capítulo 9, ainda nos deparamos com a história de outra pessoa desesperada, uma mulher que sofria de hemorragia havia doze longos anos. A história dela chega até nós não apenas pelo evangelho de Mateus, mas também pelo de Marcos e Lucas. Começamos explorando o sofrimento desta mulher em Marcos 5:24-26:

A MULHER A QUEM *Jesus* ENSINA

...Grande multidão seguia [Jesus], comprimindo-o. Aconteceu que certa mulher, que, havia doze anos, vinha sofrendo de uma hemorragia e muito padecera à mão de vários médicos, tendo despendido tudo quanto possuía, sem, contudo, nada aproveitar, antes, pelo contrário, indo a pior.

Doze anos! Embora não fique explícito o que era este sangramento, normalmente se presume que era um fluxo menstrual contínuo — por doze longos anos. Para esta mulher, teria sido algo de extremo sofrimento e fraqueza, e possivelmente depressão.

Até mesmo no mundo atual com a medicina moderna para nos ajudar, tal condição seria exaustiva e debilitante. Mas, no tempo de Jesus, era muito, muito pior. Da perspectiva judaica, uma mulher não poderia sofrer de uma doença mais humilhante e terrível do que hemorragia contínua. As mulheres com fluxo de sangue eram ritualmente impuras, literalmente intocáveis. A Lei deixava isto claro em Levítico 15:25-27:

Também a mulher, quando manar fluxo do seu sangue, por muitos dias fora do tempo da sua menstruação ou quando tiver fluxo do sangue por mais tempo do que o costumado, todos os dias do fluxo será imunda, como nos dias da sua menstruação. Toda cama sobre que se deitar durante os dias do seu fluxo ser-lhe-á como a cama da sua menstruação; e toda coisa sobre que se assentar será imunda, conforme a impureza da sua menstruação. Quem tocar estas será imundo; portanto, lavará as suas vestes, banhar-se-á em água e será imundo até à tarde.

Levítico 15 termina com as seguintes palavras proferidas por Deus a Moisés e Aarão: "Mantenham os israelitas separados das coisas que os tornam impuros" (v.31 NVI).

Você consegue imaginar as implicações de ser "impura" por doze anos? A maioria dos comentaristas bíblicos acredita que o marido dela

A mulher com fluxo de sangue

teria pedido o divórcio. Outros sugerem que ela teria sido obrigada a deixá-lo. Em qualquer um dos casos, ela não poderia manter um relacionamento normal. Ela teria sido isolada de todos os bons judeus, tanto homens quanto mulheres. Até mesmo tocar uma cadeira em que ela se sentara ou uma cama em que se deitara era se contaminar. Tal pessoa teria de lavar suas roupas e banhar-se com água — e ainda ser considerada impura até à tarde.

Ela teria sido isolada de toda a vida em comunidade, evitada, excluída. Não poderia ir ao templo nem à sinagoga. Era desligada da adoração coletiva a Deus. E ninguém poderia tocá-la, encostar nela em meio à multidão ou entrar em contato com algo que ela tivesse tocado. Ela infectava tudo.

Como poderia comprar frutas ou legumes nas bancas de rua? Ela não podia tocar em nada. Se encostasse no vendedor, ele seria contaminado. Como ela poderia caminhar pela cidade sem contaminar alguém? Imagine a exclusão e o isolamento terrível que experimentara por doze longos anos! Impura. Impura.

Além disso, na época, uma mulher com hemorragia contínua era suspeita. As pessoas presumiam que ela estivesse sendo castigada por Deus por algum pecado secreto. Esta tradição ia bem além da lei de Moisés. Ela provavelmente seria excomungada, divorciada, banida, tudo com base num falso conceito sobre sua enfermidade.

Imagine ser desligada de tudo e de todos que são importantes para você — sua família, seu lar, sua igreja, seus amigos. Você se atormentaria, perguntando por que isto tinha lhe acontecido? Por que pecado desconhecido Deus a estaria punindo? Você consegue se imaginar passando doze anos assim? Que desolação exaustiva esta mulher deve ter sentido!

Junto a tudo isto, aprendemos sobre as consequências médicas com relação a sua condição. Lemos no evangelho de Marcos:

> ...*e muito padecera à mão de vários médicos, tendo despendido tudo quanto possuía, sem, contudo, nada aproveitar, antes, pelo contrário, indo a pior* (5:26).

O Talmude estabelece pelo menos onze tratamentos diferentes para hemorragia. Alguns eram tônicos e adstringentes. Outros eram noções supersticiosas. Por exemplo, um remédio era carregar as cinzas de um ovo de avestruz num saco de linho no verão e num saco de algodão no inverno. Eu não sei quantos ovos de avestruz estariam disponíveis naquela terra naquele tempo, mas tenho certeza de que, se possível, esta mulher encontraria um, o reduziria a cinzas e as carregaria do jeito que o Talmude prescrevia.

Outro "tratamento" consistia em carregar um grão de cevada que tivesse sido encontrado no estrume ou nas fezes de uma mula branca. Você pode se imaginar tentando encontrar tal coisa? Uma coisa seria encontrar uma mula branca. Outra seria localizar um grão de cevada no excremento desse animal.

É provável que esta pobre mulher tivesse tentado todos os onze tratamentos apresentados no Talmude e tivesse visto outros médicos que prescreveram remédios igualmente bizarros, frequentemente dolorosos e possivelmente perigosos. Marcos nos conta que ela tentou tudo e foi a todos os médicos disponíveis, mas ela piorava ao invés de melhorar.

Quando encontramos esta mulher, ela está no meio de um grande aglomerado de pessoas espremidas em torno de Jesus. Provavelmente, ela não deveria estar lá. E se alguém trombasse com ela e se contaminasse com sua impureza? Ela deveria estar desesperada por uma cura — qualquer coisa para deixar para trás sua vida de isolamento e humilhação. Marcos continua a história:

> ...*tendo ouvido a fama de Jesus, vindo por trás dele, por entre a multidão, tocou-lhe a veste. Porque, dizia: Se eu apenas lhe tocar as vestes, ficarei curada. E logo se lhe estancou a hemorragia, e sentiu no corpo estar curada do seu flagelo* (5:27-29).

A mulher com fluxo de sangue

Um milagre! Doze longos anos de hemorragia contínua e, no momento em que tocou o manto de Jesus, ela soube que estava curada.

Alguns comentaristas bíblicos criticam o fato de que a fé desta mulher estivesse manchada de superstição. Ela pensava que tocar nas vestes de Jesus efetuaria a cura. Se havia um elemento de mágica em sua fé, isso não é especialmente importante. O que importa é que ela tinha fé suficiente para crer que Jesus poderia ajudá-la. De alguma forma, tinha confiança de que o menor contato com Ele a curaria.

Ela tinha ouvido falar que Jesus estava na cidade. Uma centelha de esperança acendeu em sua mente. Talvez, Ele pudesse ajudá-la. Nenhuma outra pessoa havia conseguido. Será que ela conseguiria encontrá-lo? Ela se encolhia contra a parede, tentando passar despercebida a fim de que ninguém a reconhecesse e a mandasse embora. Será que Jesus passaria por este caminho? Será que havia uma chance?

O som de uma multidão que se aproximava chegou até ela. Ansiosamente, se espremeu na entrada de uma casa, esperando, apesar de todos os seus medos, que Jesus passasse por lá. Talvez, falasse para si mesma: "Se eu apenas conseguir tocar em Suas vestes... Será que ouso tocá-lo? Eu contaminarei o Mestre se o fizer. Isso o tornará impuro. Mas eu ouvi falar que Ele tocou os leprosos. Eles eram impuros como eu, e Ele os tocou e os curou. Mas talvez pelo fato de eu ser uma mulher, Ele não queira me curar. Se Ele é um bom judeu, Ele ora todas as manhãs, agradecendo a Deus por não ter nascido mulher. Então, gastei tudo o que eu tenho com os médicos, e não tenho mais nada com que pagá-lo. Por outro lado, ouvi falar que Ele tem compaixão dos pobres." Ela pode ter lutado para se apegar à esperança, à medida que ondas de desespero vinham sobre ela.

Em meio a sua confusão, a multidão empurrava e se acotovelava. Ali, no meio daquele aglomerado comprimido, estava o Mestre, Jesus, aquele que poderia ajudá-la. O desespero e a esperança a impulsionaram adiante, longe do abrigo do muro e da entrada da casa. Tantas pessoas! Como ela poderia atravessar uma massa tão densa? Estava tão fraca, cansada, frágil. Cuidadosamente, da maneira mais discreta possível, ela conseguiu passar pela turba, com medo, a cada momento, de que alguém que a conhecesse a mandasse embora. O medo a puxava para trás. A determinação a impelia.

Finalmente, chegando por trás de Jesus, ela estendeu a mão e tocou a franja azul e branca da bainha de Suas vestes. Todo bom judeu usava quatro franjas (*tasséis*) amarradas num cordão azul das quatro pontas da túnica — um na frente, um de cada lado e outro na parte de trás. Isto era chamado da bainha da veste. Ela estendeu a mão com hesitação e, depois, com determinação desesperada, e segurou o *tassel*. A palavra que Marcos usa em grego significa "agarrar". Ela não apenas encostou a mão naquela franja, mas a agarrou. A Lei afirmava que ela não deveria tocar, mas, no desespero, ela não apenas tocou, mas agarrou o *tassel*. E, naquele momento, toda a fraqueza e a doença que a atormentaram todos os dias durante doze longos anos foram embora. Em seu corpo, fluiu uma indescritível explosão de saúde.

Naquele momento, Jesus ignorou a superstição daquela mulher e focou em sua fé. Acompanhe a história em Marcos 5, a partir do versículo 30:

> *Jesus, reconhecendo imediatamente que dele saíra poder, virando-se no meio da multidão, perguntou: Quem me tocou nas vestes? Responderam-lhe seus discípulos: Vês que a multidão te aperta e dizes: Quem me tocou? Ele, porém, olhava ao redor para ver quem fizera isto. Então, a mulher, atemorizada e tremendo, cônscia do que nela se operara, veio, prostrou-se diante dele e declarou-lhe toda a verdade. E ele lhe disse: Filha, a tua fé te salvou; vai-te em paz e fica livre do teu mal.*

Lucas 8:45-48 conta essencialmente a mesma história, mas acrescenta alguns detalhes:

> *Mas Jesus disse: Quem me tocou? Como todos negassem, Pedro [com seus companheiros] disse: Mestre, as multidões te apertam e te oprimem [e dizes: Quem me tocou?]. Contudo, Jesus insistiu:*

A mulher com fluxo de sangue

Alguém me tocou, porque senti que de mim saiu poder. Vendo a mulher que não podia ocultar-se, aproximou-se trêmula e, prostrando-se diante dele, declarou, à vista de todo o povo, a causa por que lhe havia tocado e como imediatamente fora curada. Então, lhe disse: Filha, a tua fé te salvou; vai-te em paz.

"Quem me tocou?", Jesus perguntou. Você pode entender por que Pedro e os outros discípulos estavam confusos. Sem dúvida, muitas pessoas estavam tocando o Mestre. Mas este toque era diferente. Jesus sabia que havia sido tocado com fé.

Você acha que Ele realmente não sabia quem o tinha tocado? Parece claro que Ele queria elevar a fé desta mulher a um nível mais alto. Ela havia acreditado no poder "mágico" de Suas vestes. Ele queria que ela soubesse que ela exercitara a fé nele, e que a sua fé, não a bainha de Suas vestes, a curara. E Ele queria fazer isso diante da multidão. Até aquele momento, ela tinha sido uma excluída. Agora, na frente das pessoas, ela era colocada como exemplo de fé.

Como você se sentiria caso se colocasse no lugar dela naquele dia? Num instante, ela estava curada. Ela podia afirmar. Ela sabia que a cura tinha ocorrido. Mas agora, enquanto se movia lentamente pela multidão, ouvia o Mestre perguntar: "Quem me tocou?" Será que Ele descobriria que fora ela? Será que Ele a puniria por torná-lo impuro?

Finalmente, certa de que seria descoberta, ela começou a tremer de medo. Depois de contar sua história sobre os doze anos de enfermidade e isolamento, e então de seu toque e cura, Jesus a chamou de "filha". Esta é a única passagem no Novo Testamento em que Jesus chamou uma mulher de "filha".

Relacionamento! Depois de doze anos sendo afastada de todos os relacionamentos, ali estava alguém que estabelecera comunhão com ela. Qualquer que fosse o sentimento de indignidade ou inferioridade que ela sentira durante doze anos de isolamento, naquele momento Jesus a confirmou como pessoa e a convidou para ter um relacionamento com Ele.

Durante doze anos, esta mulher fora invisível; salvo quando os outros temiam que ela pudesse contaminá-los. Mas quando Jesus a alcançou, ela não conseguiu permanecer perdida na multidão.

Você já se sentiu perdida na multidão? Às vezes se sente invisível, indesejada? Quando estendemos a mão para Jesus com fé — talvez, apenas com um pouquinho de fé — isso é suficiente. Ele nos encontrará, nos levantará e nos chamará de "filha" ao mesmo tempo em que nos convidará a entrar em um relacionamento com Ele. E mais ainda, uma vez que nos relacionarmos com Ele, teremos todo o amor e todo o poder de Deus agindo em nosso favor. Não existe essa história de que uma pessoa possa esgotar o amor e o poder de Deus e deixar bem pouco para as outras. De jeito nenhum. O amor e o poder de Deus são infinitos. Há quantidade suficiente para todas nós.

Agostinho, ao ler sobre esta história, declarou: "A carne empurra, mas a fé toca." Jesus sempre pode enunciar a diferença. Ele sabia o que era simplesmente o aperto da multidão e o que era o toque da fé. Ele conhece o toque da necessidade e nos responde.

Você notou o que aconteceu neste relato? Não vemos a mulher suplicando e implorando para ser curada. Ela simplesmente estendeu a mão com fé e tocou o *tassel* de Suas vestes — e foi curada. Jesus não a fez passar por qualquer tipo de ritual. Era suficiente que ela cresse. No momento em que ela o tocou, a cura veio.

O ministério público de Jesus durou apenas três anos. Durante esse curto espaço de tempo, Ele teve muito a fazer e ensinar, mas sempre teve tempo para os indivíduos que precisaram dele. Ele viu Zaqueu no sicômoro. Viu o cego Bartimeu na porta de Jericó. Viu até o ladrão na cruz ao lado. Ele dedicou tempo a uma mulher que estivera sangrando

A mulher com fluxo de sangue

durante doze longos anos. Nada pediu dela além de crer que Ele tinha poder de fazer o que ela não conseguiria fazer por si própria.

O mesmo se aplica a nós hoje. Jesus pede apenas que acreditemos que Ele tem o poder para fazer por nós o que não podemos fazer sozinhas. É o único jeito de entrarmos num relacionamento com Ele. Nossa fé pode ser imperfeita. Pode ser fraca. Mas, quando nos aproximamos com qualquer fé que tenhamos, Ele nos estende a mão com cura. E nós também ouvimos Sua palavra: "Vai-te em paz".

O texto grego na realidade diz: "Entra na paz". Isso não é esplêndido? Sair da inquietação e entrar na paz. Deixar o tumulto para trás e nos aquietar. Que lugar magnífico para se viver — na paz. Esse foi o legado de Jesus para Seus discípulos logo antes de Sua crucificação: "Deixo-vos a paz, a minha paz vos dou; não vo-la dou como a dá o mundo. Não se turbe o vosso coração, nem se atemorize" (JOÃO 14:27).

Essa promessa, dada há mais de dois mil anos a um grupo de seguidores que estava no Cenáculo na última ceia antes de Jesus morrer, é uma promessa que atravessa os séculos e chega até você e a mim. "Vai-te em paz." É o presente de Jesus para cada uma de nós. Chega até nós à medida que estendemos a mão com fé e o tocamos. Ele conhece o toque da fé. Ele sempre responde.

A MULHER A QUEM *Jesus* ENSINA

Questões para reflexão pessoal ou grupo de estudo

1. O que você acha que é preciso para ir até Jesus no seu momento de necessidade?

2. Jesus ignorou a superstição da mulher e respondeu à sua fé. Você pode afirmar que Jesus fará o mesmo por você? Explique.

3. A mulher pensou que estivesse perdida na multidão, mas Jesus a reconheceu. O que isso significa para você hoje?

4. Jesus não meramente curou a mulher da hemorragia. O que mais Ele fez por ela? De que forma isso se aplica a você?

Reflexão pessoal

Duas viúvas

COMO OFERTAR E RECEBER GENEROSAMENTE

VÁRIOS ANOS ATRÁS, um amigo mudou de emprego e se instalou em um novo escritório. Ele me convidou para fazer uma visita rápida da próxima vez que eu estivesse na região. Quando entrei em sua sala, fiquei impressionada. Na parede atrás da escrivaninha, havia diversas fotografias emolduradas — uma do meu amigo com Billy Graham, outra autografada para o meu amigo por Garrison Keillor, uma terceira autografada para ele por um senador norte-americano. Eu não fazia ideia de que meu amigo tinha conhecidos em altos cargos!

Suponha que fôssemos convidadas para o escritório de Jesus Cristo. Fotos de quem nós encontraríamos na parede atrás de Sua mesa? Será que encontraríamos uma foto de Zaqueu, o rico coletor de impostos, mas desprezado? Ou da mulher pecadora de nome desconhecido (LUCAS 7:36-50) que esbanjou seu amor e sua gratidão por Jesus lavando Seus pés com suas lágrimas e os ungindo com óleo perfumado? Talvez. Mas poderíamos também achar a foto de duas viúvas — uma a quem Jesus mostrou graça e outra que lhe mostrou gratidão.

Na época de Jesus, as mulheres, como regra geral, eram totalmente dependentes do homem — de um pai, de um marido, de um filho, de um irmão ou de um cunhado. Quando o marido da mulher morria,

Duas viúvas

ela tinha apenas poucas opções. Se ela tivesse um filho, ele assumia a administração dos bens do pai, e ela poderia permanecer na casa. Se não tivesse filhos, normalmente voltaria para a casa do pai — se ele ainda estivesse vivo. Talvez, as coisas pudessem ser arranjadas a fim de que ela tivesse a oportunidade de se casar novamente.

Outra opção era pedir que a lei hebraica do levirato fosse aplicada. A conversa que Jesus teve com alguns saduceus em Marcos 12:18-23 deixa claro o que era o levirato:

Então, os saduceus, que dizem não haver ressurreição, aproximaram-se dele e lhe perguntaram, dizendo: Mestre, Moisés nos deixou escrito que, se morrer o irmão de alguém e deixar mulher sem filhos, seu irmão a tome como esposa e suscite descendência a seu irmão. Ora, havia sete irmãos; o primeiro casou e morreu sem deixar descendência; o segundo desposou a viúva e morreu, também sem deixar descendência; e o terceiro, da mesma forma. E, assim, os sete não deixaram descendência. Por fim, depois de todos, morreu também a mulher. Na ressurreição, quando eles ressuscitarem, de qual deles será ela a esposa? Porque os sete a desposaram.

Pergunta interessante! Ela nos dá uma boa ideia de como o levirato funcionava no tempo de Jesus. A viúva estava à mercê dos irmãos do marido falecido. Se não houvesse irmãos, ou se os irmãos decidissem não arcar com essa obrigação, ela poderia ficar completamente sem segurança econômica, sem falar no apoio emocional ou na aceitação social.

Qual era o propósito do levirato? A procriação. A ideia toda era garantir que ela desse à luz um filho no nome do marido falecido. Se ela estivesse além da idade de gerar filhos, era improvável que alguém se casasse com ela. Uma viúva sem um filho para cuidar dela na velhice ficava completamente sem recursos.

Jesus encontrou tal mulher no portão de uma cidade quando Ele interceptou um funeral. A história dela começa em Lucas 7:11,12:

> *Em dia subsequente, dirigia-se Jesus a uma cidade chamada Naim, e iam com ele os seus discípulos e numerosa multidão. Como se aproximasse da porta da cidade, eis que saía o enterro do filho único de uma viúva; e grande multidão da cidade ia com ela.*

Jesus, cercado por Seus discípulos e por uma grande multidão, aproximou-se da cidade de Naim no momento em que um cortejo fúnebre saía pelo portão. Eles podiam ouvir os pranteadores antes que a procissão aparecesse. Alguns dos habitantes da cidade cantavam um lamento. Outros gritavam: "Ai de mim! Ai!" Ainda outros se lamentavam e batiam no peito. O barulhento cortejo prosseguia pelo portão da cidade em direção ao local do sepultamento.

Em seguida, Jesus observou os quatro homens que carregavam o féretro. Não era difícil de dizer, apesar da cacofonia dos pranteadores, quem era o enlutado. Uma mulher sozinha, chorando, cambaleava vencida por sua dor.

Você consegue imaginar um funeral mais triste — o do único filho de uma viúva? Aqui, eis uma mãe abandonada, sozinha, com a linhagem familiar interrompida. Seu marido morrera algum tempo antes. Agora, seu único filho também tinha partido. Ela perdera as duas pessoas mais importantes em sua vida. Além disso, ela pode ter perdido seus meios de sobrevivência também.

O texto nos diz que Jesus se compadeceu dela e agiu movido por Sua compaixão.

> *Vendo-a, o Senhor se compadeceu dela e lhe disse: Não chores! Chegando-se, tocou o esquife e, parando os que o conduziam, disse: Jovem, eu te mando: levanta-te! Sentou-se o que estivera morto e passou a falar; e Jesus o restituiu a sua mãe. Todos ficaram possuídos de temor e glorificavam a Deus, dizendo: Grande profeta se levantou entre nós; e: Deus visitou o seu povo. Esta notícia a respeito dele divulgou-se por toda a Judeia e por toda a circunvizinhança* (LUCAS 7:13-17).

Duas viúvas

A primeira ação de Jesus nos comove com Sua compaixão, mas parece algo um tanto quanto fútil de se fazer. De que maneira Ele conseguiu dizer a esta mulher: "Não chores!"? Ela acabara de perder o filho único! Será que Ele foi insensível à sua perda? Ou era capaz de transformar sua tristeza em alegria?

Apenas Sua segunda ação poderia dar sentido à primeira. Mais uma vez, Jesus infringiu as práticas rabínicas ao tocar voluntariamente o que era ritualmente impuro. Ele estendeu a mão e tocou o esquife. Os pranteadores pararam de chorar. A multidão retrocedeu. Quem era este rabi que ousava tocar o caixão do morto?

Será que o Senhor precisava fazer isso a fim de operar um milagre? Não necessariamente. Quando Jesus parou diante do túmulo de Lázaro, Ele simplesmente ordenou que o morto saísse para que soubéssemos que Ele poderia trazer as pessoas de volta à vida apenas com uma palavra. Mas aqui, na frente de uma grande multidão, Jesus fez o impensável. Ele se tornou ritualmente impuro estendendo a mão e tocando no esquife contaminado. Nessa ação, Ele enfatizou mais uma vez que não é o que acontece no exterior que nos macula, mas o que se passa em nosso coração.

Então, Jesus falou: "Jovem, eu te mando: levanta-te!" Os moradores da cidade e os pranteadores se entreolharam. *Esse homem deve ser louco! Ele não consegue ver que a pessoa está morta?* Todos os olhos estavam fixos no caixão. Então, eles engoliram em seco quando o jovem se sentou. Ficaram ainda mais impressionados quando ele começou a falar. Será que isto era possível? Quem ouvira falar de um morto voltar à vida? Porém, eles tinham visto isto com os próprios olhos.

Se você estivesse próximo ao portão daquela cidade naquele dia, como será que se sentiria? Surpresa? Assustada? Sem palavras? Possivelmente dessas três maneiras?

A Bíblia nos diz que Jesus devolveu o rapaz à mãe dele. Os homens que carregavam o morto, atônitos, baixaram o esquife. Jesus pode ter estendido a mão ao jovem e o ajudado a levantar. Com o rosto ainda manchado pelas lágrimas, a viúva apressou-se para abraçar o filho agora vivo.

Cristo fez este milagre maravilhoso por uma razão: seu coração se compadeceu desta pobre viúva enlutada que acabara de perder seu futuro, seu único filho.

A fé não fazia parte do pacote. Jesus não conversou com a mulher a respeito de crer nele, de ter fé a fim de ver o milagre de Deus. O Mestre sabia que, quando uma pessoa está lutando sob um fardo pesado de sofrimento, não é hora para lições de teologia. É hora de compaixão. Jesus fez o que fez porque Seu coração foi tangido pelo sofrimento da mulher.

É algo significativo saber que Jesus é tocado por nossa tristeza e nos estende a mão para nos consolar não por nossos méritos ou para ganhar alguma coisa. Podemos facilmente ter a impressão de que a vida cristã é algum tipo de troca: se temos certa quantidade de fé, podemos esperar certa quantidade de retorno de Deus. Mais fé — mais coisas de Deus. Um tipo de barganha religiosa. Mas é aí que erramos.

O que Jesus fez por essa viúva na entrada de Naim, há mais de dois mil anos, foi lhe dar Seu dom da graça completa. Ela não tinha feito absolutamente nada para merecer aquele milagre. Ainda assim, Jesus estendeu-lhe a mão em sua tristeza e lhe devolveu o filho. Ele devolveu a ela seu futuro. E faz o mesmo por nós hoje. Pela graça, e por nada mais, Ele nos dá um futuro e uma esperança.

Como reagimos à graça de Deus quando a recebemos? Jesus fez questão de mostrar aos Seus discípulos um jeito importante de responder a Deus. Montemos a cena.

O momento — muitos meses depois do Seu encontro com a viúva de Naim. O lugar — o pátio do templo de Jerusalém.

Os adoradores do templo primeiro entravam no pátio externo, chamado Pátio dos Gentios. Então, os judeus atravessavam a Porta Formosa, chegando ao Pátio das Mulheres. Apenas os homens judeus poderiam entrar no pátio interno, o Pátio de Israel.

Duas viúvas

No Pátio das Mulheres — acessível a todos os judeus — havia 13 caixas para oferta (gazofilácios). Eram chamadas de "trombetas" porque tinham o formato do cone desse instrumento. Cada uma destas 13 caixas tinha um propósito diferente: uma para ofertas para comprar óleo, outra para milho, outra para vinho e assim por diante — itens necessários para os sacrifícios diários e para a manutenção geral do templo.

Não sabemos muito sobre como Jesus adorava ou o que fazia quando ia ao templo, mas uma coisa é certa: Ele estava interessado na oferta. Marcos nos diz como Jesus passava parte de Seu tempo no local de culto:

Assentado diante do gazofilácio, observava Jesus como o povo lançava ali o dinheiro. Ora, muitos ricos depositavam grandes quantias (12:41).

Podemos achar que o interesse de Deus pelo que fazemos é interrompido pela frequência das nossas orações e da leitura da Bíblia. Não é assim. Jesus está muito interessado pelo que damos à obra de Deus também. Quando vamos à igreja, Ele está tão consciente do que colocamos na salva quanto dos louvores que cantamos e das orações que fazemos.

Quando Jesus pregou o Sermão do Monte, Ele deixou claro que onde colocamos o nosso tesouro diz às pessoas onde está o nosso coração (MATEUS 6:21). A atitude que temos em relação ao dinheiro põe à prova a realidade do que professamos. O que damos ou retemos demonstra quais são as nossas prioridades. Não é de se admirar que Jesus estivesse interessado nas ofertas daquele dia no pátio do templo.

Quando Ele se sentou ali, o que Ele viu? Marcos nos informa que muitas pessoas ricas depositavam grandes quantias de dinheiro (12:41). A partir do que Jesus disse a certa altura no Sermão do Monte, podemos até imaginar doadores chegando às caixas de ofertas precedidos por músicos contratados tocando trombeta para chamar a atenção para essas ofertas (MATEUS 6:2). No meio destes ricos doadores, Marcos nos diz: "Vindo, porém, uma viúva pobre, depositou duas pequenas moedas correspondentes a um quadrante" (MARCOS 12:42).

Vendo isto, Jesus fez e disse algo estranho. Ele chamou Seus discípulos, apontou para a viúva e enunciou:

Em verdade vos digo que esta viúva pobre depositou no gazofilácio mais do que o fizeram todos os ofertantes. Porque todos eles ofertaram do que lhes sobrava; ela, porém, da sua pobreza deu tudo quanto possuía, todo o seu sustento (MARCOS 12:43,44).

Jesus não estava falando sobre quantias reais de dinheiro. Ele estava falando sobre proporções. O que importa para Deus é o que damos em proporção ao que temos e ao que mantemos. É fácil pensar que, porque eu não posso dar tanto quanto eu gostaria, eu não deveria perder tempo dando meu pouco a Deus. É exatamente o tipo de pensamento que Jesus queria refutar.

Independentemente do que possamos oferecer a Deus — quer seja dinheiro, seja tempo, energia — nossa doação é medida não pela quantidade, mas pela proporção ao que somos capazes de dar. Como Jesus explicou aos Seus discípulos: "ela, porém, da sua pobreza deu tudo quanto possuía, todo o seu sustento". A viúva pobre, naquele dia, tinha de escolher entre ter algo para comer ou dar a Deus. Ela não poderia dar metade para Deus e guardar metade para um pedaço de pão. Era uma questão de dar tudo para Deus ou guardar tudo para si mesma. Ela escolheu dar tudo para o Senhor. Foi sua devoção sincera que chamou a atenção de Jesus naquele dia.

De acordo com o sistema do templo daquela época, uma pessoa não poderia dar menos de "duas moedas" — duas pequenas moedas de cobre. Fazer essa doação implicaria em dar tudo o que a viúva tinha para viver. Ela poderia ter ido ao pátio do templo naquele dia pensando se deveria fazer tal sacrifício pessoal. Afinal de contas, o pouco que ela tinha para dar dificilmente compraria um pouco de querosene para o sacrifício do templo. Intimidada pela magnitude das ofertas dos outros, ela poderia ter hesitado, observando os judeus ricos, com as trombetas ressoando, depositando seu dinheiro nas caixas de oferta. Será que realmente importava para Deus se ela contribuísse ou não com duas minúsculas moedinhas de cobre?

Ainda pior, todos sabiam que os mestres da Lei, as pessoas que mantinham o sistema do templo, eram corruptas. Então, como hoje, as viúvas eram alvos fáceis de líderes religiosos inescrupulosos que, às vezes, tiravam proveito delas. Enquanto estava sentado no pátio do templo naquele dia, Jesus acabara de alertar Seus ouvintes:

Guardai-vos dos escribas, que gostam de andar com vestes talares e das saudações nas praças; e das primeiras cadeiras nas sinagogas e dos primeiros lugares nos banquetes; os quais devoram as casas das viúvas e, para o justificar, fazem longas orações; estes sofrerão juízo muito mais severo (MARCOS 12:38).

O que significa que os líderes religiosos "devoram as casas das viúvas"? Aprendemos com o historiador Josefo que os fariseus orgulhavam-se de serem os mestres da Lei. No judaísmo, um mestre da Lei não poderia receber nenhum pagamento para ensinar aos outros. Esperava-se que ele tivesse um comércio ou uma profissão com o qual se sustentasse, e se requeria que ele ensinasse sem ser remunerado. Muitos fariseus, entretanto, conseguiam convencer as pessoas comuns — frequentemente viúvas — de que a coisa mais importante que elas poderiam fazer era sustentar um fariseu da maneira com a qual ele gostaria de se acostumar. Parece que as mulheres eram particularmente suscetíveis a esta proposta. Muitas viúvas eram conhecidas por ter gasto tudo o que tinham para sustentar um mestre da Lei. Os fariseus se aproveitavam destas mulheres. Frequentemente, eles arrancavam grandes somas de dinheiro por aconselhá-las, ou desviavam bens inteiros dos proprietários para seu próprio uso. Jesus tinha visto isto e reconhecido o que poderia acontecer facilmente com tais mulheres. Assim, quando Sua atenção foi atraída por uma viúva pobre que se aproximava das caixas de oferta, Ele foi impulsionado a avisar Seus ouvintes a respeito dos mestres da Lei que devoravam as casas das viúvas.

Quando a viúva parou no pátio do templo naquele dia, agarrando as duas moedinhas minúsculas que tinha — tudo o que ela tinha — será que ela pensou nos líderes corruptos que gastariam estas moedas negligentemente? Será que ela imaginou se poderia negar a si mesma o alimento necessário quando poderia fazer tão pouco e quando sua oferta poderia ser desviada para pessoas fraudulentas? Não sabemos disso. O que sabemos é que, quando ela estendeu a mão e deixou cair as duas moedas numa das caixas de oferta, ela sabia que estava dando a Deus. Era mais importante para ela demonstrar gratidão a Deus do que ter comida. Ela foi adorar ao Senhor com tudo o que tinha, com o que poderia dar. Sua dedicação a Deus vinha do coração. Ela deu tudo o que possuía.

Ao apontar para esta pobre viúva no pátio do templo, Jesus nos ensina que Deus julga o que damos a partir da qualidade da nossa oferta, não pela quantidade. A pessoa que Ele usou como modelo de generosidade era alguém que deu menos de um centavo. O que fez essa oferta valer mais do que a vasta riqueza dos outros foi que aquelas duas moedinhas eram tudo o que ela tinha.

Durante nossos anos de pastorado em certa cidade, frequentemente contratávamos uma senhora baixinha e robusta como babá para nossos quatro filhos. Para fazer isto para nós, a Sra. Knapp tinha de dirigir um velho carro, pouco confiável, até nossa residência que ficava a certa distância do local onde ela e o marido viviam numa minúscula casa. Em dado momento, eles conseguiram ter água corrente instalada na casa, mas nunca tinham condições de construir um banheiro. Se eu fosse a Sra. Knapp, tenho certeza de que economizaria todo o dinheiro que recebesse tomando conta das crianças e o dinheiro do ovo e da manteiga para ter um banheiro dentro de casa.

O que se tornou uma lição de vida para mim foi o fato de a Sra. Knapp cuidar de crianças, não para ter um banheiro, mas para ter algo para ofertar a Deus todos os domingos. A Sra. Knapp, mesmo muitas vezes exausta, sem ter certeza de que seu carro funcionaria, sobrecarregada pelo marido, sempre aparecia em casa com um sorriso. Ela estava ganhando algo para ofertar a Deus. E era enriquecida por isso.

Enquanto eu deixava um cheque de dízimo na salva todos os domingos, eu sabia que a Sra. Knapp estava deixando muito, muito mais. A maioria de nós doava da própria abundância. Ela, de sua pobreza, dava tudo o que possuía.

Quando você e eu ofertamos, fazemos algo semelhante ao que Deus faz. E quando doamos, damos significado e propósito a tudo o que recebemos. Como nas "palavras do próprio Senhor Jesus: Mais bem-aventurado é dar que receber" (ATOS 20:35).

Durante o tempo em que eu estava no novo escritório do meu amigo admirando as fotos em sua parede, pensava nas fotos que Jesus poderia ter em Sua parede. Certamente, a foto da Sra. Knapp estará lá, perto da foto da viúva no pátio do templo.

Pela graça, Jesus devolveu a uma viúva o seu futuro. Pela graça, Jesus Cristo dá, a cada uma de nós, um futuro e uma esperança. Quando passamos a entender isso, começamos a ver o porquê, como a viúva no pátio do templo, podemos dar a Jesus tudo o que temos. Duas moedinhas minúsculas? Podemos abrir mão delas. Não importa o que tenhamos, podemos dar a Deus livre e completamente, não por estamos barganhando com Ele, mas porque recebemos livremente de Sua graça. Como diz um antigo hino:

Damos-te a ti aquilo que já é Teu,
Não importa o quanto essa oferta possa ser,
Tudo o que temos vem de Tuas mãos,

A MULHER A QUEM *Jesus* ENSINA

*Uma responsabilidade,
ó Senhor, que vem de ti* (Tradução livre).

Graça e oferta. A graça de Deus se compadece dos desamparados, e é frequentemente do desamparado que vem o maior louvor a Deus. Quanto mais entendemos a graça do Senhor, mais livremente ofertamos a Ele.

Questões para reflexão pessoal ou grupo de estudo

1. Quando você pensa na compaixão de Jesus pela viúva de Naim, que promessa esse incidente estende a você hoje como seguidora de Jesus?

2. Como você se sente em relação a receber graça da mão de Deus sem ser capaz de retribuir a Ele?

3. O que você acha que Jesus quis dizer ao afirmar que a viúva tinha colocado mais no tesouro do templo do que todos os ricos que haviam doado grandes quantidade? De que forma isso se aplica ao que podemos oferecer a Deus hoje?

4. Você já teve experiências que demonstram o cuidado de Deus pelas mulheres desprotegidas hoje, assim como Ele cuidou delas há mais de dois mil anos? Em caso afirmativo, descreva sua experiência.

Reflexão pessoal

Uma mulher pecadora

COMO CULTIVAR UMA ATITUDE DE GRATIDÃO

GRATIDÃO PODE SER ALGO delicado de se expressar. Algumas pessoas sabem lidar com as palavras e parecem incrivelmente agradecidas mesmo quando não o são. As palavras, o tom de voz e os gestos são exatamente corretos, mas algo nos desencoraja. Detectamos a falta de sinceridade e duvidamos de que estejamos ouvindo um apreço genuíno. Outras pessoas querem desesperadamente manifestar sua gratidão, mas nunca parecem encontrar as palavras certas para comunicar o que sentem. Tropeçam na própria língua e então se silenciam com medo de que, se disserem qualquer coisa, o resultado pode ser errado. Então, ainda existem pessoas que jamais compreendem a dívida que têm com um membro da família ou com um amigo e não fazem o menor esforço para agradecer. Muitas de nós temos dificuldades para lidar com alguém que não valorize a bondade demonstrada por outros.

Os autores dos evangelhos registraram os encontros de Jesus com pessoas que não poderiam ter sido mais diferentes na atitude com relação à gratidão. Encontramos uma dessas duplas de pessoas em Lucas 7. Simão era um fariseu formalista; a mulher anônima era uma "pecadora". Simão era externamente generoso, mas não era caloroso.

Uma mulher pecadora

A mulher infringiu convenções para expressar seu amor. Simão respondeu à dádiva do perdão com um frio "Ah". A mulher derramou sua gratidão sobre seu Senhor.

Lucas começa a história deste jeito:

Convidou-o um dos fariseus para que fosse jantar com ele. Jesus, entrando na casa do fariseu, tomou lugar à mesa. E eis que uma mulher da cidade, pecadora, sabendo que ele estava à mesa na casa do fariseu, levou um vaso de alabastro com unguento; e, estando por detrás, aos seus pés, chorando, regava-os com suas lágrimas e os enxugava com os próprios cabelos; e beijava-lhe os pés e os ungia com o unguento (7:36-38).

Jesus havia acabado de curar o servo do centurião que estivera à beira da morte. Um dia depois, Ele interceptou um cortejo fúnebre no portão da cidade de Naim e restaurou o filho morto à sua mãe viúva. Os rumores que corriam naquela zona rural sobre este impressionante jovem rabino de Nazaré pareciam tornar-se mais inacreditáveis a cada dia.

Um fariseu chamado Simão sabia que era hora de organizar um encontro com este rabi. Talvez, ele pensasse que, se desse um jantar e incluísse Jesus na lista de convidados, ele poderia evitar ter de se misturar com os habitantes da cidade no mercado. Também lhe daria uma oportunidade de estudar este novo mestre potencialmente perigoso. Da última vez em que Jesus havia pregado na sinagoga e no mercado, algumas das piores pessoas da cidade haviam aparecido. A fofoca dizia que algumas pessoas haviam se "convertido". Na realidade, dizia-se que uma prostituta da cidade tivera a ideia, a partir da pregação do rabi, de que até ela poderia ser perdoada por Deus e receber um novo começo. Simão estava certo de que a justiça não poderia ser adquirida com uma mera oração.

Jesus e Seus discípulos chegaram, e a refeição começou. Então, uma mulher, inesperada e que não fora convidada, entrou e parou atrás de

Jesus; ela começou a chorar, molhando Seus pés com suas lágrimas e os enxugando com seus cabelos e, depois, derramando perfume sobre Seus pés.

Tal cena nos parece estranha a partir da perspectiva moderna. Será que as pessoas simplesmente entravam nas casas, sem serem convidadas, enquanto os outros comiam? Bem, a verdade é que, naquele tempo e naquela cultura, as refeições eram frequentemente quase públicas. Os espectadores poderiam se reunir ao redor enquanto os convidados jantavam. Não era incomum que uma pessoa que não tivesse sido convidada aparecesse durante um jantar festivo.

Com a famosa pintura de Leonardo da Vinci da *Última Ceia*, podemos ter a impressão de que Jesus e Seus discípulos estavam sentados em banquetas com as pernas sob a mesa como fazemos hoje. Mas não era o caso. Os convidados se reclinavam em poltronas colocadas em círculo ao redor da mesa. Eles se reclinavam do lado esquerdo e alcançavam a comida com a mão direita, a parte mais alta do corpo voltada para a mesa e os pés estendidos atrás deles. As sandálias precisavam ser retiradas à porta. Assim, teria sido bem fácil para esta mulher entrar na casa, ficar atrás de Jesus e chorar, somente desta forma suas lágrimas cairiam sobre Seus pés estendidos.

Lucas nos diz que ela era uma mulher pecadora. As palavras usadas para descrevê-la algumas vezes são traduzidas como "prostituta" em outras partes do Novo Testamento. Se não uma verdadeira prostituta, ela pode ter sido uma mulher desprezada. Um comentarista bíblico sugere que ela pode ter passado a vida no crime. Independentemente do que ela fizera para merecer esse rótulo peculiar, ela era conhecida na comunidade como uma mulher pecadora. O impressionante era que tal mulher chegaria à casa de Simão, um fariseu, passando por todas as pessoas.

Os fariseus tinham a reputação de evitar qualquer coisa ou qualquer pessoa que pudesse contaminá-los. A palavra fariseu por si só significa "separação". Durante o período de 400 anos entre o fim do Antigo Testamento e o início do Novo Testamento, um grupo de

Uma mulher pecadora

homens formou uma ordem, chamados de fariseus, comprometida a impedir que o povo judeu se misturasse com os povos idólatras que os cercavam. No processo, eles se tornaram satisfeitos com uma religião que enfatizava a devoção exterior, como os rituais de lavagens e ofertas específicas. Era incomum que um pecador se aventurasse na casa de um fariseu. Certamente, uma mulher pecadora não era bem-vinda na presença deles. Assim, o que deu coragem a esta mulher para entrar na casa de Simão naquele dia?

Ela ousou ir à casa de Simão apenas por um único motivo: ela ouvira falar que Jesus estava ali. A partir da história que Jesus contou a Simão mais tarde, é certo que a mulher já tinha recebido o perdão por seus muitos pecados. Ela possivelmente tinha ouvido Jesus ensinar ou pregar e ficou com a consciência pesada por causa de sua vida pecaminosa. Agora como sabia onde encontrá-lo novamente, ela foi até lá.

Ela pode ter entrado na casa com alguma hesitação, mas, assim que identificou onde Jesus estava reclinado à mesa, ela passou rapidamente por detrás de todos os outros convidados até chegar ao lugar do Mestre. As lágrimas a cegaram quando ela se agachou aos pés de Jesus. Este era aquele que lhe falara sobre o perdão de Deus, que lhe dera tudo de que ela precisava para recomeçar a vida. Tomada pela gratidão, não conseguiu conter as lágrimas. Elas se derramavam sobre os pés do Mestre. Estendendo a mão e soltando os cabelos, ela os usou para começar a enxugar os pés do Senhor.

O ato de soltar os cabelos nos parece irrelevante hoje, mas as mulheres judias do século primeiro nunca permitiam que ninguém de fora da família as visse com os cabelos soltos. Contudo, ignorando a opinião pública, esta mulher fez o impensável: soltou os cabelos e os usou como uma toalha para secar os pés de Jesus.

Suspenso ao redor do pescoço por uma corda, estava um frasco feito de alabastro que continha um perfume caro. Estes frascos eram considerados uma parte da vestimenta da mulher judia, e não era proibido usá-los no sábado do Senhor. Para usar o óleo perfumado, a pessoa quebrava o longo e fino gargalo do frasco e derramava o conteúdo.

Enquanto esta mulher enxugava as lágrimas que deixara cair sobre os pés de Jesus, ela pegou o frasco, quebrou o gargalo e lentamente ungiu os pés do Senhor com o óleo perfumado. De repente, a sala ficou repleta daquela extraordinária fragrância. Se os outros não tivessem prestado atenção à mulher até aquele momento, não conseguiriam mais ignorar suas ações.

Amor. Amor agradecido. Sem perceber os olhares, o burburinho, os comentários grosseiros, esta mulher derramou seu amor com aquele óleo perfumado. Ela derramou esse amor sobre aquele que a libertara para começar uma vida nova.

> *Ao ver isto, o fariseu que o convidara disse consigo mesmo: Se este fora profeta, bem saberia quem e qual é a mulher que lhe tocou, porque é pecadora. Dirigiu-se Jesus ao fariseu e lhe disse: Simão, uma coisa tenho a dizer-te. Ele respondeu: Dize-a, Mestre* (LUCAS 7:39,40).

Pelo fato de Jesus não ter se afastado desta mulher e a mandado embora, Simão deduziu que o Mestre poderia não saber o caráter dela. Os judeus acreditavam que ser capaz de discernir espíritos era um sinal importante do Messias, o grande profeta. Quando Simão viu Jesus permitir que a mulher o tocasse, esta era a evidência, para ele, de que Jesus talvez não fosse o Messias. Por um lado, se Jesus não sabia que tipo de mulher ela era, isso provava que Ele não era profeta. Por outro, se Ele soubesse o tipo de mulher que ela era e ainda assim permitia que ela o tocasse, isso provaria que Ele não era santo. Simão tinha certeza de que o Messias jamais escolheria deliberadamente deixar que uma mulher pecadora o tornasse ritualmente impuro. De qualquer maneira, estava claro que Jesus não poderia ser o Cristo de Deus.

Será que Simão não captou a ironia daquele momento? *Se este homem fosse um profeta*, pensou, *Ele saberia*. Imediatamente, Jesus dirigiu-se ao pensamento não pronunciado de Simão e respondeu:

Uma mulher pecadora

"Simão, uma coisa tenho a dizer-te". A resposta de Simão foi educada, mas fria: "Dize-a, Mestre".

O que se seguiu foi uma das pequenas maravilhosas histórias de Jesus que chamamos de parábolas:

Certo credor tinha dois devedores: um lhe devia quinhentos denários, e o outro, cinquenta. Não tendo nenhum dos dois com que pagar, perdoou-lhes a ambos (LUCAS 7:41,42).

Foi como se Jesus dissesse a Simão: "É verdade que um devedor devia dez vezes mais que o outro, mas ambos eram devedores. Não se esqueça disso, Simão. Você pode olhar com superioridade para esta mulher porque ela tem a reputação de pecadora. Certamente, você não acredita que é um pecador!" Claro que Simão teria respondido que ele também era pecador, mas não como aquela mulher.

Algum tempo mais tarde em Seu ministério, Jesus contou outra história sobre um fariseu e um coletor de impostos que subiram ao templo para orar. O fariseu levantou-se e disse: "Ó Deus, graças te dou porque não sou como os demais homens, roubadores, injustos e adúlteros, nem ainda como este publicano; jejuo duas vezes por semana e dou o dízimo de tudo quanto ganho" (LUCAS 18:11,12). Este fariseu não tinha noção de que devesse algo a Deus. Talvez, se desafiado, ele reconhecesse uma pequena dívida de "cinco denários" ao Senhor. Mas ser colocado na mesma categoria de devedor do que a do coletor de impostos ou da mulher pecadora? Jamais.

Trazendo Simão para a história, Jesus então perguntou: "…Qual deles, portanto, o amará mais?" (7:42).

Com indiferença relutante, Simão respondeu: "Suponho que aquele a quem mais perdoou".

"Julgaste bem", Jesus afirmou.

Ambos os devedores não tinham com o que pagar a dívida. Mas ambos foram perdoados graciosamente. Simão precisava ver que, embora esta mulher tivesse sido uma pecadora notória, ela fora perdoada. Seu tributo de amor provou sua gratidão pelo perdão de Deus.

Voltando-se para a mulher, mas continuando a falar com Simão, Jesus perguntou:

Vês esta mulher? Entrei em tua casa, e não me deste água para os pés; esta, porém, regou os meus pés com lágrimas e os enxugou com os seus cabelos. Não me deste ósculo; ela, entretanto, desde que entrei não cessa de me beijar os pés. Não me ungiste a cabeça com óleo, mas esta, com bálsamo, ungiu os meus pés (LUCAS 7:44-46).

"Vês esta mulher?", Jesus perguntou. Simão pensou que Jesus não enxergasse o tipo de mulher que ela era, mas o Mestre sabia que Simão era quem estava cego. Ele não conseguia vê-la como perdoada. Só conseguia enxergá-la como a mulher pecadora que ela tinha sido. Assim, Jesus fez um contraste entre ela e Seu anfitrião: "Simão, deixe-me ajudá-lo a vê-la".

Jesus começou dizendo: "Entrei em tua casa, e não me deste água para os pés; esta, porém, regou os meus pés com lágrimas e os enxugou com os seus cabelos." Simão havia deliberadamente ignorado todos os ritos comuns de hospitalidade com relação ao seu convidado. Jesus não havia reclamado da recepção fria de Simão, mas a percebera. Agora, Ele a relacionava com a falta de gratidão do anfitrião pelo perdão de Deus. "Simão, você não acabou de dizer que a pessoa que teve a maior dívida perdoada amará mais aquele que lhe perdoou? Esta mulher tinha uma grande dívida. Mas esta dívida foi perdoada. Agora, veja a gratidão dela! Veja seu amor! O que a maneira como você me tratou diz sobre a sua gratidão?"

Em seguida, Ele assinalou: "Não me deste ósculo; ela, entretanto, desde que entrei não cessa de me beijar os pés". Normalmente, o anfitrião recebia todo convidado com um beijo no rosto. Esta mulher, compensando a frieza deliberada de Simão por seu convidado, deu

Uma mulher pecadora

o incomum sinal de profunda reverência por um mestre amado: ela beijou Seus pés.

"Não me ungiste a cabeça com óleo, mas esta, com bálsamo, ungiu os meus pés." Mais uma vez, Simão tinha ignorado seu dever como anfitrião ao deixar de ungir seu convidado com óleo. Contudo, uma mulher agradecida e perdoada fez o que o indiferente fariseu escolheu não fazer. Esta mulher perdoada ungiu Jesus, não na cabeça como Simão deveria ter feito, mas nos pés — a parte do corpo designada aos escravos. Ao derramar o óleo perfumado sobre os pés de Jesus, esta mulher também realizou um ritual na maior parte das vezes realizado por homens. Profetas ungiam reis. Anfitriões ungiam convidados para reanimá-los. Os discípulos ungiam os enfermos com óleo para cura. As mulheres ungiam apenas cadáveres para o sepultamento.

A última palavra de Jesus a Simão antes de dirigir-se à mulher foi: "...mas aquele a quem pouco se perdoa, pouco ama" (v.47). A implicação era a seguinte: "Simão, você compreende a questão? Você acha que enxerga muito bem, mas não vê nada claramente. Você é um religioso — um fariseu — e se afasta desta mulher pecadora. Você agradece a Deus porque não é como esta mulher. Mal consegue imaginar entrar no céu ao lado de alguém como ela. Mas é ela que experimentou o perdão. Você não começou a compreender o perdão porque não começou a compreender a sua própria necessidade. Eu seu que você foi pouco perdoado porque demonstra pouco amor."

Então, voltando-se para a mulher, Jesus falou: "Perdoados são os teus pecados". O tempo verbal no grego deixa claro que o perdão concedido a mulher não foi resultado de seu amor. Foi o contrário. Ela já tinha sido perdoada, e seu amor era resultado disso. Na frente de Simão e dos outros que se amontoavam na sala de jantar, Jesus publicamente a declarou uma mulher perdoada. Independentemente do que ela tinha sido e feito, tudo era passado.

A MULHER A QUEM *Jesus* ENSINA

O perdão tornou-se o trampolim para o amor generoso da mulher. O mesmo se aplica a nós hoje. "Nós amamos [Deus] porque ele nos amou primeiro" (1 JOÃO 4:19). Deus começa o processo nos amando incondicionalmente e nos perdoando por causa do sacrifício de Jesus por nossos pecados. Quanto mais passarmos a compreender esse perdão, mais amaremos. O perdão é a causa. O amor é o efeito. O perdão é o motivo, e o amor é o resultado. O perdão é a raiz, e o amor é o fruto. Amamos na proporção da nossa consciência de termos sido perdoadas. Se não nos sentimos devedores de Cristo, amaremos pouco.

A última palavra de Jesus à mulher foi: "…A tua fé te salvou; vai-te em paz" (LUCAS 7:50). Não foi o amor dela que a salvou. Foi sua fé. Por ter sido aceita por Deus, ela poderia ir em paz. Provavelmente, ela nunca seria aceita socialmente por Simão e por seus amigos. Outras pessoas da cidade poderiam olhá-la com menosprezo. Mas nada sabiam sobre a graça de Deus. Ela poderia ir em paz porque seu futuro estava seguro. Ela pertencia a Deus.

No relato de Lucas, a mulher anônima também ficou sem palavras. Na realidade, o que ele nos mostra é uma conversa quase exclusivamente entre Simão e Jesus *sobre* esta mulher. Apenas no fim, Jesus fala diretamente com ela. Se ela respondeu verbalmente, Lucas não registrou. Mas a ação dela falou mais alto do que mil palavras.

A questão não é se podemos encontrar palavras lindas para emoldurar nosso apreço, mas se sentimos a gratidão que nos impele a procurar um caminho para manifestá-la. Será que entendemos, tomando emprestadas as palavras de Davi, que Deus nos tirou "…de um poço de perdição, de um tremedal de lama" e nos colocou "os pés sobre uma rocha e [nos] firmou os passos" (SALMO 40:2)? Ou sentimos, como Simão, praticamente certeza de que Deus deve estar feliz pelo fato de que pessoas boas como nós se alistaram para Sua causa? Como Jesus disse a Simão: "mas aquele a quem pouco se perdoa, pouco ama".

Uma mulher pecadora

Quando enxergarmos nossos pecados e a graça de Deus agindo em nossa vida, encontraremos uma maneira de agradecer-lhe. Pode ser eloquentemente expressando em palavras. Pode ser até mais significantemente emoldurado sem palavras quando oferecermos o melhor que temos àquele que nos salvou.

Questões para reflexão pessoal ou grupo de estudo

1. O que estava errado na atitude de Simão em relação à mulher pecadora?

2. O que estava errado na compreensão de Simão sobre justiça?

3. O que você acha que Jesus quis ensinar a Simão com a parábola dos dois credores?

4. O que você crê ser necessário para ser perdoada por Deus?

A mulher surpreendida em adultério

COMO RESPONDER AO DEUS DA SEGUNDA CHANCE

CERTO DIA, quando o telefone do meu escritório tocou, eu fiquei surpresa ao ouvir a voz de uma querida amiga que estava a muitos quilômetros de distância: "Alice, estou tão constrangida e humilhada. Não sei o que fazer. Banquei a tola com relação a um homem da nossa igreja e agora, aqui estou eu, uma mulher casada, apaixonada por este rapaz com quem trabalhei no evangelismo. Parece que todo mundo da cidade sabe o quanto fui insensata. Essa história arruinou meu testemunho na igreja e abateu meu marido. O que devo fazer? Será que tem alguma maneira de eu levantar minha cabeça novamente? Será que Deus pode me perdoar e me dar outra chance?"

Naquele longo momento, entre o instante em que ela falou e o instante em que respondi, imaginei o que deveria lhe dizer. Não se tratava de uma pergunta teórica sobre o perdão. Era a vida real. Quando estragamos algumas coisas ou desperdiçamos nossas oportunidades, será que podemos recomeçar?

A mulher surpreendida em adultério

Enquanto eu segurava o telefone, pensava em outra mulher que também havia feito um estrago na própria vida. E isto quase lhe custou a vida. Mas Jesus apareceu.

A trajetória da vida de Jesus estava inexoravelmente indo em direção a crucificação numa cruz romana. Independentemente do que Ele fizesse, os líderes religiosos estavam determinados a pegá-lo a qualquer custo. O comitê para "capturar Jesus" estava com força total. Se dermos uma olhada em João 7:1, veremos que "Jesus percorreu a Galileia, mantendo-se deliberadamente longe da Judeia, porque ali os judeus procuravam tirar-lhe a vida".

Era outono, o tempo da anual Festa dos Tabernáculos, uma das três principais festividades judaicas. Encorajado pelos irmãos a descer com eles a Jerusalém para esta festa, Jesus recusou. Porém, depois que eles já haviam partido para a Judeia, Ele secretamente foi a Jerusalém.

Em meio à festividade, parecia que todos estavam fofocando sobre o mesmo assunto: Jesus. Quem era Ele? Alguns diziam que era um homem bom. Outros pensavam que era um impostor. Peregrinos, moradores da cidade e sacerdotes faziam a mesma pergunta: "Quem é este homem?" O sétimo capítulo de João ressoa com murmúrios, acusações e conjecturas sobre Cristo.

Vez após vez, Jesus escapava por entre os dedos dos furiosos líderes religiosos. E, enquanto a cortina subia no oitavo capítulo, Jesus estava mais uma vez ensinando no pátio do templo. Aqueles que mais o odiavam estavam fazendo outra tentativa de pegá-lo numa armadilha. Eles haviam falhado diversas vezes, mas, desta vez, parecia que tinham Jesus bem onde desejavam — encurralado entre a cruz e a espada. Acompanhe a história em João 8, a partir do versículo 2:

De madrugada, voltou novamente para o templo, e todo o povo ia ter com ele; e, assentado, os ensinava. Os escribas e fariseus trouxeram à sua presença uma mulher surpreendida em adultério e, fazendo-a ficar de pé no meio de todos, disseram a Jesus: Mestre, esta mulher foi apanhada em flagrante adultério. E na lei nos mandou Moisés que tais mulheres sejam apedrejadas; tu, pois, que dizes? Isto diziam eles tentando-o, para terem de que o acusar.

Este comitê para "pegar Jesus" havia lembrado a antiga lei de Moisés de acordo com a qual a pessoa flagrada em adultério deveria ser morta. Esta lei aparentemente não tinha sido imposta durante gerações. Mas os mestres da lei e os fariseus viram na lei, a possibilidade de armar uma cilada para o irritante rabi de Nazaré.

Para armar a cilada, eles precisariam apanhar alguém no ato de adultério. No clima festivo como a de uma terça-feira de Carnaval, isso não seria difícil. As ruas da cidade estavam entulhadas de centenas de tendas minúsculas, abrigos frágeis, feitos com galhos e folhas, construídos para durar não mais do que os oito dias de festa. Os líderes religiosos tinham apenas que se deter por algum tempo numa destas ruas e ouvir o som denunciante do sexo ilícito. Encontrar um culpado deveria ser simples.

Eles rapidamente cercaram uma mulher apanhada em flagrante. Você pode perguntar por que eles trouxeram apenas a mulher. Onde estava o parceiro dela? A lei estipulava que ambos deveriam ser apedrejados até a morte. Mas o contexto deixa claro que estes líderes religiosos não fizeram isto porque eles odiavam o adultério. Também não o fizeram porque amavam a santidade e queriam confirmar a Lei. Eles simplesmente odiavam Jesus. Uma pessoa culpada era suficiente. Eles não precisavam do homem.

Qual foi a cilada que estes líderes armaram para Jesus (8:6)? Se o Mestre dissesse que a mulher deveria ser apedrejada, duas coisas aconteceriam. Primeiro, eles poderiam denunciá-lo aos romanos como alguém que usurpava as prerrogativas do governo romano, o direito de sentenciar os criminosos à morte. Segundo, Ele perderia o amor e

A mulher surpreendida em adultério

a devoção da grande massa de pessoas comuns que estava consciente de que Seus ensinamentos incluíam a necessidade de demonstrar misericórdia.

Por outro lado, se Jesus respondesse que ela não deveria ser apedrejada, eles poderiam dizer que Ele ensinava as pessoas a infringir a lei de Moisés. Então, Ele poderia ser acusado diante do Sinédrio de ser um falso Messias. Todos sabiam que o Messias deveria manter ou restaurar a soberania da Lei.

Esse era o dilema: infringir os direitos do governo romano ou negar a autoridade da lei mosaica. Na mente astuta desses homens, o comitê para "pegar Jesus" achava que, para qualquer lado que Ele se movesse, eles lhe dariam um xeque-mate.

Ali, à sombra do magnífico templo de Herodes, o drama começou a se desenrolar. Sentado, talvez no Pátio das Mulheres, Jesus ensinava as multidões. De repente, o som de Sua voz foi abafado pelos passos agitados e as vozes furiosas que atravessavam as enormes portas de metal do Pátio dos Gentios. Os homens que se aproximavam acotovelavam-se no pátio, arrastando alguém. A multidão se afastou o suficiente para que os homens carrancudos pudessem empurrar uma mulher à frente. As pessoas que estiveram ouvindo atentamente o Mestre agora estavam inquietas, imaginando o que aconteceria. Eles sabiam, pelas túnicas e pelos chapéus, que os intrusos eram fariseus e mestres da lei. E, enquanto alguns encaravam a mulher com curiosidade, outros olhavam para outros lugares a fim de evitar que ela se sentisse envergonhada, descomposta e humilhada.

Então, os líderes religiosos falaram: "...Mestre, esta mulher foi apanhada em flagrante adultério. E na lei nos mandou Moisés que tais mulheres sejam apedrejadas; tu, pois, que dizes?" (vv.4:5).

Ninguém se mexeu. A mulher, apavorada, tremia. O que o Mestre diria? Será que Ele a condenaria à morte? A tensão crescia à medida que Ele nada dizia. Alguns fariseus se entreolharam com um brilho de vitória nos olhos. Eles o haviam pegado desta vez!

Em vez de debater com eles, Jesus abaixou-se e começou a escrever no chão com o dedo. O que aquilo significava? Eles continuaram interrogando o Senhor. "E o senhor, que diz sobre esta mulher?"

Jesus levantou-se e fez um comentário: "...Aquele que dentre vós estiver sem pecado seja o primeiro que lhe atire pedra" (v.7). E continuou a desenhar letras no chão.

A mulher, ainda tremendo, virou-se um pouco para olhar o dedo que se movia enquanto os mestres da lei o pressionavam para obter uma resposta. Eles se apertavam mais para ler o que o Mestre escrevia na areia do piso do pátio do templo.

O que Jesus escreveu não está registrado, mas a palavra que João usou nos dá uma dica. A palavra em grego que significa "escrever" é *graphein*, mas o termo usado aqui é *katagraphein*. Este termo pode significar também "anotar um registro contra alguém". Assim, pode ser que Jesus estivesse confrontando os mestres da lei e os fariseus com um registro de seus próprios pecados.

"Tudo bem! Apedrejem-na! Mas que o homem que não tiver pecados seja o primeiro a atirar uma pedra! Vocês querem seu pedaço de carne. Insistem em guardar a Lei escrupulosamente. Façam o que vocês acham que devem fazer. Mas apenas se forem inculpáveis."

A palavra traduzida como "sem pecado" também pode significar "sem desejos pecaminosos". Jesus estava elevando o padrão. Estes líderes religiosos legalistas pensavam que tinham de chegar apenas até certa altura. Porém, Jesus disse: "Não, vocês precisam ir além disto. Não são apenas as suas obras que contam. Seus pensamentos e seus desejos também contam. Sim, vocês podem apedrejá-la, mas apenas se nunca desejaram fazer a mesma coisa". Se eles estavam sendo legalistas, deveriam aplicar a mesma lei ao próprio coração.

A mulher surpreendida em adultério

Jesus tirou a pergunta da esfera legal — a lei de Moisés — na qual os fariseus a haviam colocado, e a passou para o terreno moral de seus próprios desejos pecaminosos. Eles agiam com base na justiça. Jesus, com base na graça.

Em Deuteronômio 17:6,7, Moisés esclareceu o procedimento para apedrejar alguém até a morte:

Por depoimento de duas ou três testemunhas, será morto o que houver de morrer; por depoimento de uma só testemunha, não morrerá. A mão das testemunhas será a primeira contra ele, para matá-lo; e, depois, a mão de todo o povo; assim, eliminarás o mal do meio de ti.

A pena de morte era executada com uma das testemunhas lançando o acusado de uma plataforma e, depois disso, outra testemunha arremessando a primeira pedra ou rolando uma grande rocha que esmagasse o acusado gerando a morte. Ao fazê-lo, as testemunhas sentiriam a responsabilidade que carregavam ao prestar depoimento. Todo denunciante de uma ofensa capital atuou como carrasco.

Jesus em essência disse: "Vocês professam honrar a lei de Moisés. Eu quero lembrá-los de que esta mesma lei exige que as testemunhas sejam os executores. Vocês têm a consciência limpa com relação ao sétimo mandamento?"

Jesus não disse que a mulher não havia pecado. Nem afirmou que o pecado dela deveria ser negligenciado. Ela tinha pecado — contra o marido e contra a lei de Deus. Mas na presença dos acusadores, Ele não mencionou o pecado dela. Jesus conhecia o coração dela e o dos acusadores e se referiu apenas ao pecado deles. Ele os lembrou de que as motivações e a vida deles estavam longe de ser puras.

Com isso, "...ouvindo eles esta resposta e acusados pela própria consciência, foram-se retirando um por um..." (8:9). Ao se esquivar, os escribas e fariseus revelaram o que eles estavam procurando. Não se tratava de defender a pureza da lei de Deus. Eles simplesmente queriam pegar

Jesus. Se estes líderes religiosos tivessem sido sinceros em sua indignação com esta mulher e seu pecado, eles a teriam levado oficialmente ao juiz constituído. Mas eles não estavam contra o adultério dela. Estavam contra Jesus. Vendo que seu plano tinha fracassado, eles seguiram a única direção que lhes restava. Retiraram-se. Ao fazê-lo, silenciosamente admitiram o que os havia levado ao pátio do templo naquele dia.

O que decidiu a questão não foi o fato de que a mulher não houvesse pecado. Ela pecara. O ponto de Jesus era que as razões das testemunhas estavam corrompidas. Aqueles que estavam para arremessar a primeira pedra eram tecnicamente habilitados para fazê-lo, mas não eram moralmente qualificados. Quando Jesus deixou cair sobre eles a armadilha que eles tinham armado para Ele, a consciência entrou em ação. Estes homens eram perversos e endurecidos. Mas, mesmo assim, sentiram algo dentro deles que não puderam ignorar. Aqueles que deveriam ser exemplos morais para o povo conheciam o próprio coração. Envergonhados, um a um, eles fugiram.

O rosto da mulher deve ter revelado assombro e surpresa quando Jesus se levantou e perguntou-lhe:

Mulher, onde estão aqueles teus acusadores? Ninguém te condenou? Respondeu ela: Ninguém, Senhor! Então, lhe disse Jesus: Nem eu tampouco te condeno; vai e não peques mais (JOÃO 8:10,11).

Seria possível que seus acusadores tivessem ido embora? Será que sua provação poderia ter acabado? Será que ela ouvira direito este Mestre? Ele estava dizendo que não a condenava? Será que ela estava livre, realmente livre, para voltar para casa e recomeçar a vida?

Algumas pessoas, lendo esta narrativa, concluem que Jesus era flexível com relação ao adultério. Isso não é verdade. O que Ele fez foi

A mulher surpreendida em adultério

estabelecer um único padrão de fidelidade no casamento que se aplicava tanto a homens quanto a mulheres.

Outras o acusam de distorcer a Lei. Isso também não é verdade. Sabemos, a partir de Deuteronômio 17, que ninguém poderia ser acusado ou condenado sem o testemunho de duas testemunhas. Ninguém ficou para acusá-la. Sem acusadores, a Lei não poderia dizer nada.

Jesus não menosprezou seu adultério nem a condenou. Ele lhe deu outra chance.

Cristo não tratou esta mulher como se o pecado dela não importasse. Longe disso. Ele não lhe disse: "Seus pecados estão perdoados". Ela não tinha se arrependido ou lhe pedido perdão. Ao dizer: "Nem eu tampouco te condeno; vai e não peques mais", Ele lhe deu uma chance de se arrepender e crer.

O que ela tinha feito importava. Leis violadas e corações quebrantados sempre importam. Mas Jesus sabia que todas nós temos um futuro e um passado. Ele ofereceu a esta mulher uma segunda chance.

Jesus não lhe disse: "Está tudo bem. Continue a fazer o que você tem feito". Não! Ele disse: "Pare de fazer o que você tem feito. Vá e não peque mais!" Ele lhe indicou uma direção que ela poderia não ter compreendido que era possível. Ele lhe deu uma escolha. Ela poderia voltar à velha vida ou poderia alcançar uma nova vida de pureza sob a lei de Deus.

Muitas vezes, continuamos a fazer coisas que não nos sentimos bem em fazer, porque não sabemos que temos alternativas. Deus nos diz: "Vocês têm alternativas".

O significado de arrependimento é "renunciar ao pecado". Significa mudar de ideia a fim de mudar de vida. O arrependimento não é apenas sentir remorso ou dizer que está chateado ou desejando ou esperando que não faça algo ruim de novo. A vida de arrependimento é atitude. Até nos afastarmos do que está errado, não teremos nos arrependido.

Na narrativa bíblica, a história desta mulher fica inacabada. Sabemos que Jesus lhe deu uma segunda chance. Mas a Bíblia não nos diz o que ela fez com essa oportunidade.

Uma questão mais importante para nós é o que fazemos com a segunda, a terceira, a décima, a centésima chance que Deus nos dá para confiar nele, segui-lo e servi-lo. A história da nossa vida não acabou.

Podemos olhar para trás, para uma tristeza secreta ou um pecado evidente e achar que não há segunda oportunidade. Não é assim. Deus nos estende a mão com outra chance. Mas se passarmos mais tempo dando ouvidos aos "mestres da lei e fariseus" dos dias atuais do que devemos ouvir Jesus, poderemos achar que é difícil acreditar nisso. Todas nós conhecemos pessoas religiosas que vivem pela lei, que nos criticam e nos condenam. Elas supervisionam nosso comportamento, observando cada erro. Podem atacar cada passo errado que damos com punição brutal. Tais pessoas usam a autoridade para destruir as outras, não para redimi-las, curá-las ou tratá-las. Elas podem estar cegas para o fato de que: "Se não fosse pela graça de Deus…".

Se você cresceu com pessoas assim, pode achar que Deus não dá segundas ou terceiras chances às pessoas que pecam. Jesus tem uma palavra diferente para você: "Eu não a condeno. Vá agora e abandone a sua vida de pecado".

Isso é o que importa. Não o que passou, mas o que vem pela frente. Todos os dias, Deus nos dá outra chance, uma nova oportunidade para seguir, servir, amá-lo e de executar Sua vontade para a nossa vida.

Naquele dia, quando minha querida amiga me ligou, eu segurei o telefone e pensei nesta mulher que tinha estragado a própria vida do jeito que a minha amiga estava fazendo com a dela. O que eu sabia a partir das ações de Jesus que responderia a pergunta da minha amiga: "Quando você estraga as coisas, será que consegue recomeçar?"

Depois de um longo momento, disse a ela: "Posso garantir que há perdão, total e completo, do Cristo da segunda chance. Se você pode recomeçar? A resposta de Deus é SIM, SIM, mil vezes SIM".

A mulher surpreendida em adultério

Questões para reflexão pessoal ou grupo de estudo

1. O que você imagina que Deus pensa e sente a seu respeito, se você fez um estrago em sua vida?

2. Você acha que alguns pecados são mais difíceis para Deus perdoar? Se sim, quais são alguns exemplos destes pecados "maiores"?

3. Como você se sente com relação a Deus dar uma segunda chance às pessoas quando elas cometeram um pecado grave?

4. O que significa "graça"?

Maria de Betânia

COMO FAZER DE JESUS A SUA PRIORIDADE

NO LIVRO *Amada*, romance ganhador do prêmio *Pulitzer* — sobre escravas do período da Guerra Civil — da autora Toni Morrison, a avó Baby Suggs decidiu comemorar a fuga da nora da escravidão. Ela convidou amigos e vizinhos para um jantar. No fim, 90 pessoas compareceram e se banquetearam com peru, bagre e tortas de frutas frescas noite adentro. Enquanto a casa se agitava com risadas, alguém levantou a questão: "De onde ela tira tudo isso, Baby Suggs?" Por que ela e os dela sempre são o centro das atenções? Por que ela sempre sabe exatamente o que e quando fazer?"

À medida que os convidados passavam esse questionamento de um para o outro, "ficavam furiosos. Na manhã seguinte, eles tomaram bicarbonato de sódio para acalmar a violência estomacal causada pela abundância, pela generosidade desmedida demonstrada na casa de número 124. Cochichavam nos jardins sobre ratazanas gordas, maldição e orgulho desnecessário. O aroma desta desaprovação pesava no ar".

Baby Suggs, capinando seu jardim no dia seguinte, tentava compreender o que estava acontecendo. "Então, ela soube. Seus amigos e vizinhos estavam zangados porque ela havia passado dos limites, dado demais, lhes ofendido pelo excesso."

Maria de Betânia

Nos anos que se seguiram, ela, a nora e os netos enfrentaram uma tragédia após outra sem o apoio dos amigos e vizinhos.

A experiência de rejeição de Baby Suggs causada pela abundância me faz lembrar de outra mulher que deu seu melhor num gesto de generosidade. Ela também foi mal compreendida e condenada. A mulher é Maria, a irmã mais nova de Marta e Lázaro. João conta a história dela assim:

> *Seis dias antes da Páscoa, foi Jesus para Betânia, onde estava Lázaro, a quem ele ressuscitara dentre os mortos. Deram-lhe, pois, ali, uma ceia; Marta servia, sendo Lázaro um dos que estavam com ele à mesa. Então, Maria, tomando uma libra de bálsamo de nardo puro, mui precioso, ungiu os pés de Jesus e os enxugou com os seus cabelos; e encheu-se toda a casa com o perfume do bálsamo* (12:1-3).

De nenhuma outra pessoa dos evangelhos é escrito que "onde for pregado em todo o mundo o evangelho, será também contado o que ela fez, para memória sua" (MARCOS 14:9). O que foi tão extraordinário no ato de Maria que levou Jesus a fazer tal declaração? A história dela merece um olhar mais atento.

Havia chegado aos ouvidos dos amigos de Jesus, em Betânia, a notícia de que Ele estava retornando a Jerusalém para celebrar a Páscoa. Simão, um leproso que Jesus provavelmente curara, organizou um jantar festivo para o Senhor. Marta — outra boa amiga — estava servindo, e Lázaro, seu irmão, reclinava-se com Jesus e os outros convidados.

Quando Simão decidiu organizar um banquete para honrar Jesus, ele assumiu um grande risco. Nos versículos que vêm logo antes da história de Maria, João nos diz que, a partir do momento em que Jesus ressuscitara Lázaro, os principais dos sacerdotes e fariseus "resolveram matá-lo". A ameaça à Sua vida era tão real que...

> *Jesus já não andava publicamente entre os judeus, mas retirou-se para uma região vizinha ao deserto, para uma cidade*

*chamada Efraim; e ali permaneceu com os discípulos. [...]
Ora, os principais sacerdotes e os fariseus tinham dado ordem
para, se alguém soubesse onde ele estava, denunciá-lo, a fim de o
prenderem* (JOÃO 11:54,57).

Simão não apenas correu risco por convidar Jesus, mas acrescentou o perigo de incluir Lázaro na lista de convidados. João registra que "...os principais sacerdotes resolveram matar também Lázaro; porque muitos dos judeus, por causa dele, voltavam crendo em Jesus" (JOÃO 12:10,11). Mas a gratidão de Simão a Jesus deu-lhe coragem para fazer o que poderia lhe colocar em sérias dificuldades com os líderes religiosos.

Durante o jantar festivo, Maria pegou um frasco feito de alabastro com um caríssimo óleo de nardo, quebrou-o e derramou o conteúdo primeiramente sobre a cabeça de Jesus e, depois, sobre Seus pés.

Um dia, quando eu estava parada na fila do caixa de uma loja produtos de segunda mão, notei um frasco de colônia de 60 ml numa estante próxima. Sem nada melhor para fazer enquanto esperava minha vez, tirei a tampa e senti o aroma da fragrância. Era encantador! Eu nunca tinha ouvido falar da perfumaria suíça, mas, como o preço estava bom (US$ 1,41), resolvi acrescentá-lo às minhas compras. Durante o ano seguinte, usei a colônia abundantemente. Então, o frasco ficou vazio.

Naquele tempo, alguns amigos próximos que moravam na França, estavam planejando uma viagem aos Estados Unidos no ano seguinte e me escreveram e perguntando o que poderiam nos trazer. Escrevi uma carta às pressas pedindo outro frasco deste perfume extraordinário, mas desconhecido. Para a minha alegria, eles me trouxeram um frasco de presente. Para a minha surpresa, soube que essa colônia de 60 ml que eu havia usado despreocupadamente custava 75 dólares. Se eu soubesse seu verdadeiro valor, teria sido mais cuidadosa ao usá-la.

Maria não comprou seu jarro de alabastro com óleo de nardo numa loja de produtos usados por um preço tão baixo. Ela sabia o valor de seu presente quando abriu o recipiente e começou a ungir Jesus. "Aproximadamente meio litro de nardo puro." O nardo, extraído de uma planta que cresce na Índia, era o perfume mais caro do mundo. Marcos faz questão de nos dizer que o nardo de Maria era "puro" — não misturado com outra essência, não uma imitação. Não era uma colônia nem *eau de toilette*. Não era uma versão barata de nardo. Era o objeto genuíno, caro e extraordinário.

Girando o gargalo do jarro de alabastro, Maria sentiu a fina pedra fosca ceder. Quando a fragrância deliciosa do nardo chegou até ela, ela ergueu o jarro acima de Jesus e o inclinou levemente a fim de que o perfume respingasse em Sua cabeça. Era um costume judaico ungir a cabeça para os dias de festas, e Jesus viera para a Festa de Páscoa.

O que Maria fez foi generoso, e ela poderia ter parado ali. Mas não o fez. Em seguida, João nos diz, ela derramou o óleo perfumado sobre os pés de Jesus. Derramou tanto nardo que, à medida que ele escorria por Seus tornozelos e entre Seus dedos, ela foi obrigada a soltar os cabelos e usá-los como toalha para enxugar o excesso.

Maria havia se sentado aos pés de Jesus (LUCAS 10:38-42) e recebera Seu conforto e, então, Seu milagre quando Lázaro, irmão dela, tinha morrido (JOÃO 11:28-44). Agora, com gratidão e amor, ela respondia a Jesus com o melhor que poderia oferecer. Ela já lhe dera o coração. Agora, derramava o presente mais caro que poderia dar a quem fizera tanto por ela.

A fragrância encheu o ambiente. Nenhuma pessoa presente conseguiu ignorar o que ela fizera. Ela pode não ter ouvido suspiros de surpresa da parte dos convidados, mas não pôde evitar ouvir a voz de Judas Iscariotes quando ele emitiu a pergunta mordaz. "Por que esse desperdício de perfume? Ele poderia ser vendido por mais do que o salário de um ano e o dinheiro distribuído aos pobres."

O aguilhão da crítica. É uma chicotada que nós todas sentimos. O que parece uma ótima ideia para nós parece algo tolo ou impensado ou egoísta para outra pessoa. A reação nos pega de surpresa quando acontece. Nós nos afastamos das palavras ferinas. Esperamos que as pessoas que estão inalando a fragrância se agradem dela. Em vez disso, somos atacadas. Fazemos perguntas que não podemos responder facilmente: por que elas estão franzindo a testa ao invés de sorrir? Por que há mais críticas do que elogios? O que impulsionou esta indignação no lugar da aprovação?

Judas, com um olhar mesquinho, esguichou sua crítica desdenhosa a esta mulher. Ele não viu nada de bom no ato de Maria. Na melhor das hipóteses, era extravagante. Na pior delas, era maligno. Pense nos famintos que poderiam ter sido alimentados. Pense naqueles sem roupas que poderiam ter sido vestidos.

O que Judas disse era coerente. O perfume poderia ter sido vendido, e o dinheiro, dado aos pobres. O jarro de alabastro continha nardo puro, que valia mais do que o salário de um ano. (O Judas calculista sabia o exato valor do presente da mulher.) O salário de um ano supriria as necessidades de uma família carente durante 12 meses ou mais. O salário de um ano poderia financiar uma cozinha pública e alimentar muitas pessoas. Aquele valor poderia prover abrigo para as crianças de rua. Será que Maria cometera um grave erro com seu generoso gesto de amor por Jesus Cristo? Ela deve ter imaginado se teria sido mais prudente fazer o que Judas sugerira. Será que ela não teria compreendido o propósito da vida e do ministério de Jesus a ponto de desperdiçar uma oportunidade de ajudar os pobres? Ela queimava de constrangimento ao pensar na condenação de Judas.

Enquanto Maria estava parada lá naquele dia, com o jarro vazio na mão, olhando para seu acusador e agoniada pela dúvida, ela ouviu outra voz responder a Judas.

Mas Jesus disse: Deixai-a; por que a molestais? Ela praticou boa ação para comigo. Porque os pobres, sempre os tendes convosco e, quando quiserdes, podeis fazer-lhes bem, mas a mim nem sempre me tendes. Ela fez o que pôde: antecipou-se a ungir-me para a sepultura. Em verdade vos digo: onde for pregado em todo o mundo o evangelho, será também contado o que ela fez, para memória sua (MARCOS 14:6-9).

Maria de Betânia

Qual é o propósito do perfume se não for usado para perfumar a vida de alguém? É meramente uma mercadoria a ser vendida para um comprador e, depois, para outro, sempre mudando de mãos em troca de dinheiro, sem jamais ser utilizado? O que lhe confere valor?

Judas falou de forma tão sensível e, por sua crítica, pareceu colocar-se ao lado dos feridos e oprimidos. Mas Jesus não se deixou levar pela "preocupação com os pobres" de Judas.

"Se você realmente estiver preocupado com os pobres", Jesus respondeu, "você sempre encontrará oportunidades para ser generoso com eles. Mas Maria está fazendo algo prático também. Em poucos dias, quando eu for condenado à morte, ela não terá a oportunidade de ungir meu corpo morto. Ela o está fazendo agora." Jesus disse a Judas que Maria usara o perfume do jeito certo: ela ungira Seu corpo antes de Seu sepultamento. O jantar na casa de Simão foi o palco para a unção fúnebre de Jesus.

Quando o Mestre chamou o ato de Maria de "boa ação", Ele estava sendo meramente cavalheiresco? Será que ela merecia tal elogio? Em Belém, mil anos antes, quando Samuel examinava cada um dos filhos de Jessé para ver qual deles deveria ser ungido rei de Israel, ele tinha certeza de que Eliabe seria a escolha de Deus. Contudo, o Senhor lhe disse:

*Não atentes para a sua aparência, nem para a sua altura, porque o rejeitei; porque o S*ENHOR *não vê como vê o homem. O homem vê o exterior, porém o S*ENHOR*, o coração* (1 SAMUEL 16:7).

Quando Jesus estava reclinado à mesa de Simão naquele dia, olhou além do gesto dessa mulher, Ele viu o coração de Maria. Ele também olhou além das palavras de Judas, viu o seu coração. A crítica deste discípulo foi repugnante porque veio de uma motivação repugnante. Judas tinha ouvido as predições de Jesus a respeito de Sua prisão e crucificação iminente. Talvez, ele já tivesse concluído que Jesus era um derrotado. Apenas uns dias depois, ele iria até os principais dos sacerdotes e trairia o Mestre por 30 moedas de prata. Judas colocou o valor de Jesus num punhado de moedas de prata e se queixou de que Maria estabelecera o valor do Senhor acima do salário de um ano.

A atitude de Maria foi linda por ser resultado de seu amor por Jesus Cristo. O valor ou a inutilidade de qualquer presente depende da nossa motivação. O que ofertarmos a Jesus por motivos egoístas não resultará em nada. Mas o que lhe entregarmos como fruto de amor jamais será esquecido.

Nada, absolutamente nada do que fazemos com amor e lealdade a Jesus Cristo deixa de ser lindo, não importa o quanto isto possa parecer tolo ou dispendioso para os outros. Deus julga as nossas ações a partir das motivações que as estimulam. O trabalho por menor que seja, feito pela mulher mais fraca não passará despercebido pelo Senhor. No livro de lembranças eternas de Deus, nem uma única palavra ou atitude, nem sequer um copo de água fria dado em Seu nome será omitido.

Longe de ser esbanjadora e perversa, Maria tinha feito uma boa ação. Ela tinha dado seu melhor. Em essência, Jesus lhe disse: "Maria, sua atitude é tão linda que jamais a esquecerei nem permitirei que o mundo a esqueça. De mãos dadas, você atravessará os séculos comigo. Onde minha história for contada, a sua também será."

Jesus deu grande louvor às mulheres que foram grandes doadoras. Quando a viúva atingida pela pobreza se aproximou das caixas de oferta no templo com apenas duas minúsculas moedinhas que a separavam de passar fome, com renúncia impensada ela deu a Deus tudo o que tinha. Cristo fez a seguinte observação aos Seus discípulos sentados perto dele: "Em verdade vos digo que esta viúva pobre depositou no gazofilácio mais do que o fizeram todos os ofertantes. Porque todos eles ofertaram do que lhes sobrava; ela, porém, da sua pobreza deu tudo quanto possuía, todo o seu sustento" (MARCOS 12:43,44). Não era uma questão do quanto ela havia dado, mas de que sua doação fora completa.

Maria de Betânia

Quando Maria derramou mais de um ano de salário sobre a cabeça e os pés de Jesus num grande gesto de amor, o Mestre aprovou seu presente. É interessante que Jesus jamais tivesse uma palavra de elogio para as ofertas conservadoras e prudentes, mas demonstrasse grande entusiasmo por aqueles que ofertavam com renúncia.

O rol de honra das mulheres que ofertaram com renúncia continuou ao longo dos séculos. Amy Carmichael virou as costas para uma vida segura e feliz na Inglaterra para resgatar meninas da prostituição nos templos da Índia. Mary Slessor abandonou a Escócia para fundar igrejas e criar escolas nas selvas da Nigéria onde nenhum outro europeu ousava ir. Três médicas — Maybel Bruce, Mary Wilder e Ann Irish — abriram mão do conforto e segurança dos Estados Unidos para fundar um centro médico para mulheres muçulmanas na parte mais quente, árida e seca do Paquistão. Cada uma destas mulheres derramou o perfume de sua vida em oferta altruísta a Jesus Cristo.

O presente de Maria parecia extravagante e dispendioso. Judas disse que não era bom. Mas ele não tinha balanças para pesar os valores de Deus. Para este discípulo, as coisas mais valiosas pareciam sem valor. Mas Jesus deu um valor diferente para o presente de Maria. Quando ela derramou seu perfume com renúncia sobre Ele, o Senhor logo derramou Sua vida com renúncia sobre ela.

Bob Jones Jr. captou esta verdade quando escreveu:

Um vaso quebrado de valor inestimado
e rica fragrância derramou
Em unção e adoração, sobre Tua cabeça derramou.
— "Que desperdício", pensaram eles,
algo encantador estilhaçado assim...
Mas Tua bênção, o ato de amor de Maria trouxe enfim.
Um molde quebrado na cruz e almas libertou.
Tua angústia ali o preço do pecado pagou
O horrível preço em carne, dor e sangue despedaçado —
O custo da redenção, o Cordeiro de Deus esmagado.

Nós, que servimos o generoso Deus do céu, perguntamos: "Que darei ao S‍enhor por todos os seus benefícios para comigo?" (SALMO 116:12).

Uma de Suas bênçãos é permitir que, em adoração, derramemos o melhor que temos para Ele.

Questões para reflexão pessoal ou grupo de estudo

1. Pense em uma experiência de sua vida na qual você tenha presenteado Jesus Cristo com um sacrifício de tempo, energia ou com suas finanças. Descreva essa experiência.

2. Ao pensar nessa experiência, o que você extrai dela? Algum equívoco? Gratidão? Crítica? Louvor?

3. Se você tivesse de consertar algo, você faria de novo? Explique.

4. Por que você acha que nossos motivos são tão importantes para Deus? Por que a ação não deve ser suficiente, apesar das nossas motivações?

Reflexão pessoal

Maria Madalena

COMO CAMINHAR POR FÉ, NÃO POR VISTA

NO LIVRO *Women's Ways of Knowing* (As maneiras de as mulheres saberem, tradução livre), um estudo importante sobre a maneira como as mulheres pensam acerca de si mesmas e da vida, Mary Belenke e suas colegas pesquisadoras identificaram cinco maneiras de como as mulheres sabem das coisas. Uma delas é chamada "conhecimento recebido". Todas nós sabemos coisas porque alguém nos contou. A maioria das mulheres tem um grande estoque de conhecimento recebido, um acúmulo de fatos e opiniões que não cogitaram por conta própria, mas aceitam. Nós sabemos como usar uma lavadora de roupas, cuidar de plantas e onde comprar os vegetais mais frescos ou encontrar as melhores pechinchas de livros. Também podemos ter aprendido a dizer o nome de algumas das constelações e de todos os livros da Bíblia. Passamos a vida adquirindo este tipo de conhecimento.

Surpreendentemente, muitas mulheres limitam o que "sabem" àquilo que já receberam de alguém. Elas buscam por especialistas para instruir-se em cada área da vida. Um decorador de interiores lhes diz quais móveis comprar. Um cabeleireiro decide como devem usar seus cabelos. Um consultor de imagem escolhe suas roupas depois de um analista de cores lhes dar uma escala de tons adequados para vestir.

Maria Madalena

Estas mulheres sabem muito e sabem disso. Mas confiam somente no que vem de fora delas como conhecimento "verdadeiro".

Às vezes, uma mulher assim enfrenta uma crise. Talvez um desses *experts* perca seu prestígio ou a desaponte. Ou, dois peritos equivalentes discordam. Em quem ela pode acreditar? Nesse ponto, uma mulher pode adotar uma forma diferente de pensar sobre si mesma e sobre o seu mundo.

Este estudo sobre a maneira como as mulheres pensam me intrigam. Na maioria dos casos, é preciso algum tipo de crise, uma confrontação, uma decepção ou um desastre, para levar uma mulher da confiança incondicional em autoridades humanas a uma forma diferente de pensar e saber. Nós raramente passamos de um nível confortável de aprendizagem e saber para outro, a menos que de alguma forma sejamos forçadas a nos mover. E em seguida, abrir espaço para novos aprendizados.

Se insistirmos em permanecer num nível de aprendizado quando precisamos nos deslocar para outro, não nos fazemos nenhum favor. Pode ser que não gostemos das circunstâncias que nos forçam a mudar. Preferiríamos ser deixadas sozinhas em nossa confortável tranquilidade. Mas esse não é o caminho para o crescimento. Também não é o caminho para o verdadeiro discipulado. Se quisermos crescer como cristãs em nossa compreensão de Deus, devemos esperar pelas circunstâncias difíceis que nos confrontam e decepcionam. É preciso experiências difíceis na vida para desenvolver vitalidade em nossa alma.

O processo de seguir Jesus como Suas discípulas é abrir espaço para novas maneiras de olhar a vida e a nós mesmas. Neste livro já observamos Jesus levar Sua mãe, Maria, a uma forma diferente de ver seu relacionamento com Ele, seu filho. Também o vimos levar Marta a um jeito diferente de compreender seu serviço a Deus. Ouvimos Jesus dar à mulher samaritana seu primeiro gole de água viva enquanto ela se vislumbrava sem suas máscaras. Observamos o Mestre guiando duas irmãs a uma forma diferente de pensar sobre a morte.

A MULHER A QUEM *Jesus* ENSINA

Jesus era um excelente Mestre. Ele não usou apenas um método para que a Sua mensagem fosse transmitida; ensinou pessoas diferentes de maneiras diferentes. Ele não escolheu apenas os discípulos mais promissores para a Sua aula. Pelo contrário, incluiu homens e mulheres que outros professores teriam ignorado. Maria Madalena foi uma das alunas escolhidas pelo Mestre. Possivelmente ela passou mais tempo com Jesus do que qualquer outra mulher nos evangelhos.

Maria de Magdala descobriu que seu discipulado como seguidora de Jesus Cristo era um constante processo de aprendizagem. Ela já havia aprendido muito por fazer parte do grupo que viajava com Jesus. Mas em uma das cenas finais dos evangelhos, ela mais uma vez voltou à escola, aprendendo algo novo sobre ser discípula.

Embora ela seja mencionada pelo nome 14 vezes nos evangelhos, na verdade sabemos apenas quatro coisas sobre Maria Madalena. As duas primeiras vemos em Lucas:

> *Aconteceu, depois disto, que andava Jesus de cidade em cidade e de aldeia em aldeia, pregando e anunciando o evangelho do reino de Deus, e os doze iam com ele e também algumas mulheres que haviam sido curadas de espíritos malignos e de enfermidades: Maria, chamada Madalena, da qual saíram sete demônios; e Joana, mulher de Cuza, procurador de Herodes, Suzana e muitas outras, as quais lhe prestavam assistência com os seus bens* (8:1-3).

O primeiro fato que conhecemos sobre Maria de Magdala é que Jesus expulsou sete demônios dela. Marcos e Lucas nos informam sobre o fato, mas não fornecem mais detalhes sobre quando ou onde ocorreu. Sabemos pelo seu nome que Maria veio de Magdala, uma cidade a cerca de 5 km de Cafarnaum na costa noroeste do mar da

Maria Madalena

Galileia. Esse era o território que Jesus sempre atravessava em Seu ministério itinerante na Galileia. Em algum momento eles se encontraram e o milagre da sua libertação aconteceu.

Liberta da possessão de sete demônios. O que isto deve ter significado para esta mulher? Nós não sabemos por quanto tempo ou de que forma ela foi atormentada pela possessão demoníaca. Mas sabemos que qualquer pessoa possessa era marginalizada pela sociedade normal. Algumas pessoas afligidas eram mais animais do que humanas, vivendo em cavernas, perambulando pelo campo, aterrorizando pessoas com suas faces desfiguradas e olhos hostis. Criadas por Deus, elas estavam sendo destruídas por Satanás. Não podemos imaginar o que significava para Maria ser possuída por sete demônios. Mas para ela, a libertação deve ter transformado sua vida. Seu espírito preso foi liberto. Seus membros travados relaxaram. Sua face deformada tornou-se serena.

A segunda coisa que sabemos sobre Maria é que ela viajou por toda a Galileia e até a Judeia com Jesus e os Doze. Se você sofresse uma aflição terrível durante anos e então encontrasse um médico que pudesse libertá-la do seu sofrimento, provavelmente você gostaria de ficar o mais próximo possível desse médico. Sob esta perspectiva, não é de surpreender que Maria Madalena tenha se tornado parte do grupo de seguidores de Jesus. Por outro lado, também não surpreende que ela tenha sido exatamente o primeiro nome entre várias outras mulheres que estavam naquele grupo de seguidores.

Durante o primeiro século em Israel, alguns mestres ensinavam que os homens bons e religiosos não falavam com mulheres em público. Um fariseu não falaria nem mesmo com sua mãe se a encontrasse na rua. Nessa cultura, a cuidadosa segregação de homens e mulheres tornaria qualquer um que viajasse com seguidores do sexo masculino e feminino excessivamente contracultura para ser ouvido. Além disso, a Lei declarava que uma mulher durante seu período menstrual era ritualmente imunda. Tudo o que ela tocava era contaminado. Nesse período, ela precisava ser escondida onde não pudesse contaminar mais ninguém. Como Jesus e os Doze poderiam correr o risco de se contaminarem com estas mulheres que viajavam com eles? Como Maria Madalena e as outras mulheres poderiam viajar como integrantes do grupo de Jesus sem levantar suspeitas?

Os autores dos evangelhos não nos respondem essa pergunta. O que sabemos é que enquanto os inimigos de Jesus o acusavam de infringir a lei do sábado, de beber vinho demais e de se associar intimamente aos coletores de impostos e outros tipos de má reputação, em momento algum eles levantaram a questão sobre a imoralidade sexual. Precisamos presumir que esses homens e mulheres viajavam juntos de uma maneira que evitava escândalo.

Não sabemos mais nada sobre o passado de Maria Madalena. Alguns comentaristas acreditam que ela vinha de uma família rica e, portanto era capaz de sustentar Jesus e Seus outros seguidores. Isso pode, ou não, ser verdadeiro.

Você pode ter ouvido falar do musical chamado *Jesus Cristo Superstar*. Nele, Maria Madalena era retratada como uma mulher que praticava a "mais antiga profissão da terra", a prostituição. No entanto, nas Escrituras não encontramos base para essa ideia. Esse mito sobre Maria Madalena começou no sexto século, quando um papa chamado Gregório a ligou à mulher pecadora que ungiu os pés de Jesus com um caro óleo perfumado. Desde então, por todos os últimos séculos, artistas retrataram Maria Madalena como uma prostituta voluptuosa. Igrejas chamaram casas para resgate de prostitutas "abrigos de Madalena". Apesar do mito, nada nas Escrituras afirmam ou deixam a entender que ela era prostituta.

※

Os dois primeiros fatos que conhecemos sobre Maria são que Jesus expulsou sete demônios dela e que ela era uma integrante do grupo que viajava com Ele. A terceira coisa que a Bíblia nos conta sobre Maria é que, numa sombria sexta-feira chamada Sexta-feira

Santa, ela ficou perto da cruz muito tempo depois de os discípulos fugirem.

> ...*estavam também ali algumas mulheres, observando de longe; entre elas, Maria Madalena, Maria, mãe de Tiago, o menor, e de José, e Salomé; as quais, quando Jesus estava na Galileia, o acompanhavam e serviam; e, além destas, muitas outras que haviam subido com ele para Jerusalém* (MARCOS 15:40,41).

Após três horas agonizantes, Jesus morreu. José de Arimateia e Nicodemos vieram para levar o corpo de Cristo da cruz e colocá-lo num túmulo.

> *E José, tomando o corpo, envolveu-o num pano limpo de linho e o depositou no seu túmulo novo, que fizera abrir na rocha; e, rolando uma grande pedra para a entrada do sepulcro, se retirou. Achavam-se ali, sentadas em frente da sepultura, Maria Madalena e a outra Maria* (MATEUS 27:59-61).

Todos os quatro evangelistas registram que Maria e as outras mulheres não só ficaram durante as horas terríveis da crucificação, mas se certificaram em saber onde Jesus fora sepultado para irem lá após o sábado e terminar de ungir o Seu corpo. Quando olhamos para Maria Madalena e as outras, vemos mulheres completamente comprometidas com Jesus Cristo, mesmo em meio ao seu amargo pesar.

Por isso, não nos surpreende encontrarmos essas mesmas mulheres, com Maria Madalena aparentemente liderando-as, antes do amanhecer do domingo, apressando-se para o túmulo no jardim. Aqui estavam mulheres desempenhando seu papel habitual na sociedade judaica, preparando o corpo de um morto para um sepultamento adequado. Conforme caminhavam, se preocupavam com um problema muito real que enfrentariam: quem tiraria a grande pedra da entrada do túmulo? Elas viram como José e Nicodemos colocaram apressadamente o corpo de Jesus no sepulcro e rolaram a pesada pedra para fechar a entrada. Também sabiam que a pedra tinha sido selada pelo governo romano. Esse selo não podia ser quebrado. No entanto, elas estavam determinadas a fazer o certo por seu amado Mestre. Elas cuidaram das Suas necessidades durante três anos enquanto Ele viajava pela Galileia e no ir e vir da Judeia. Elas tinham se responsabilizado pelo Seu bem-estar físico. Assim, na Sua morte não poderiam se eximir de dar-lhe um enterro apropriado. Apesar dos obstáculos — uma enorme pedra e um selo romano — elas aproveitaram a primeira oportunidade para ir ao túmulo.

O que elas encontraram quando chegaram? Marcos nos conta que "...viram que a pedra já estava removida; pois era muito grande" (16:4). Naquele momento começou a próxima lição de discipulado para Maria. Ela havia iniciado aquela manhã com certas expectativas e rapidamente as encontrou de ponta-cabeça. João relata o incidente dessa maneira:

No primeiro dia da semana, Maria Madalena foi ao sepulcro de madrugada, sendo ainda escuro, e viu que a pedra estava revolvida. Então, correu e foi ter com Simão Pedro e com o outro discípulo, a quem Jesus amava, e disse-lhes: Tiraram do sepulcro o Senhor, e não sabemos onde o puseram.

Saiu, pois, Pedro e o outro discípulo e foram ao sepulcro. Ambos corriam juntos, mas o outro discípulo correu mais depressa do que Pedro e chegou primeiro ao sepulcro; e, abaixando-se, viu os lençóis de linho; todavia, não entrou. Então, Simão Pedro, seguindo-o, chegou e entrou no sepulcro. Ele também viu os lençóis, e o lenço que estivera sobre a cabeça de Jesus, e que não estava com os lençóis, mas deixado num lugar à parte. Então, entrou também o outro discípulo, que chegara primeiro ao sepulcro, e viu, e creu.

Pois ainda não tinham compreendido a Escritura, que era necessário ressuscitar ele dentre os mortos. E voltaram os

Maria Madalena

discípulos outra vez para casa. Maria, entretanto, permanecia junto à entrada do túmulo, chorando. Enquanto chorava, abaixou-se, e olhou para dentro do túmulo, e viu dois anjos vestidos de branco, sentados onde o corpo de Jesus fora posto, um à cabeceira e outro aos pés (20:1-11).

Maria, vendo a pedra removida, supôs que o corpo de Jesus tinha sido levado e colocado em outro lugar. Naquele momento ela só conseguia pensar em Jesus morto. Ela o viu morrer. Ela o viu ser colocado no túmulo.

Correndo para Pedro e João com a notícia, ela os acompanhou de volta ao túmulo, mas ficou do lado de fora chorando. Este foi o golpe final. Uma enorme carga emocional se acumulara ao longo das semanas anteriores. Parada ali, ela pode ter se lembrado da última viagem da Galileia à Judeia, a caminhada de 110 km até Jerusalém. Dentre outras coisas, havia a angustiante previsão de Jesus sobre Sua morte iminente. Mas ofuscando isso, tivera a emoção da entrada triunfal de Jesus em Jerusalém. Ela ouvira a adulação da multidão gritando: "Hosana ao Filho de Davi! Bendito o que vem em nome do Senhor! Hosana nas alturas!"

Ela estivera no Pátio das Mulheres e vira Jesus entrar no templo e derrubar as mesas dos cambistas. Ela se enchera de orgulho quando Ele expulsou os perversos homens que espoliavam os pobres peregrinos que iam à Cidade Santa para celebrar a Páscoa. Ficou surpresa ao ver a fúria dos principais sacerdotes e fariseus quando Jesus ensinara pela última vez no pátio do templo.

Ela pode ter visto na casa de Simão, o leproso, como Maria de Betânia ungira o Mestre. Se assim foi, ela o ouviu novamente prever Sua própria morte. Ela pode ter estado presente no julgamento de Jesus. Sabemos que esteve lá quando Ele foi levado à execução. Esteve presente quando os pregos foram colocados em Suas mãos e pés. Também presenciou quando a lança abriu Seu lado e quando o céu escureceu ao meio-dia e um forte terremoto abriu rochas e sepulturas. Tinha permanecido com as outras mulheres aos pés da cruz observando aquele que a tinha libertado de sete demônios agora aparentemente incapaz de livrar a si mesmo. Ela o viu morrer.

Os altos e baixos daquela semana se misturaram enquanto ela estava perto do túmulo. Todos os altos e baixos da semana vieram de uma só vez a mente de Maria enquanto estava junto ao túmulo. Ela sentiu novamente a dor da contradição ao se lembrar de ouvir a multidão cantar "Hosana" num dia e "Fora com Ele! Crucifiquem-no!", apenas alguns dias depois. Agora estava devastada pelo pensamento de que, até mesmo na morte, Jesus fora violado. Seu corpo tinha sido levado. Seus dolorosos soluços expressavam todas as esperanças frustradas e o desespero que sentia.

Maria, entretanto, permanecia junto à entrada do túmulo, chorando. Enquanto chorava, abaixou-se, e olhou para dentro do túmulo, e viu dois anjos vestidos de branco, sentados onde o corpo de Jesus fora posto, um à cabeceira e outro aos pés.

Então, eles lhe perguntaram: Mulher, por que choras? Ela lhes respondeu: Porque levaram o meu Senhor, e não sei onde o puseram. Tendo dito isto, voltou-se para trás e viu Jesus em pé, mas não reconheceu que era Jesus (JOÃO 20:11-14).

Quando Maria e as outras mulheres chegaram ao túmulo mais cedo naquela manhã e viu que ele estava vazio, ela saiu correndo para encontrar Pedro e João. Enquanto isso, as outras entraram no túmulo e encontraram os anjos que disseram:

...Por que buscais entre os mortos ao que vive? Ele não está aqui, mas ressuscitou. Lembrai-vos de como vos preveniu, estando ainda na Galileia, quando disse: Importa que o Filho do Homem seja entregue nas mãos de pecadores, e seja crucificado, e ressuscite no terceiro dia? (LUCAS 24:5-7).

Maria Madalena

Mas agora a chorosa Maria, que não ouvira essas palavras de esperança ditas mais cedo pelos anjos, afastou-se cega por sua tristeza. Ao virar-se, viu um homem que estava nas proximidades. Ele disse exatamente as mesmas palavras que ela acabara de ouvir dos anjos:

...Mulher, por que choras? A quem procuras? Ela, supondo ser ele o jardineiro, respondeu: Senhor, se tu o tiraste, dize-me onde o puseste, e eu o levarei. Disse-lhe Jesus: Maria! Ela, voltando-se, lhe disse, em hebraico: Raboni (que quer dizer Mestre)! Recomendou-lhe Jesus: Não me detenhas; porque ainda não subi para meu Pai, mas vai ter com os meus irmãos e dize-lhes: Subo para meu Pai e vosso Pai, para meu Deus e vosso Deus. Então, saiu Maria Madalena anunciando aos discípulos: Vi o Senhor! E contava que ele lhe dissera estas coisas (JOÃO 20:15-18).

O que foi preciso para deslocar Maria da desolação à exultação e incentivá-la a testemunhar? Somente uma coisa. Jesus falou seu nome e ela conhecia a Sua voz e isso foi suficiente. De repente, tudo o que estava errado, agora estava certo. Aquele que havia morrido, estava vivo. O Mestre que a libertara de sete demônios estava novamente com ela.

Em alegre êxtase, ela lançou os braços em torno dele. Jesus gentilmente afastou-a e lhe deu uma tarefa: Vá e conte aos Meus irmãos. Em uma fração de segundo, essa discípula passara da desprezível tristeza à euforia: o Mestre está vivo! Agora ela tinha uma tarefa a cumprir.

A quarta coisa que sabemos sobre Maria Madalena é que ela foi enviada por Jesus como a primeira testemunha da ressurreição. Ele a comissionou para contar aos Seus discípulos as boas-novas. Ela se tornou, como Agostinho a chamou, "um apóstolo para os apóstolos."

O horizonte mental de Maria estivera fixado no passado. Seus pensamentos estiveram fixos num corpo morto. Somente o próprio Cristo vivo poderia tirá-la de seu foco no passado e colocá-la no futuro. No futuro, ela deveria ir e contar.

Maria Madalena não foi a única seguidora de Jesus que necessitava de uma mudança de perspectiva. No mesmo capítulo, João fala sobre o encontro de Jesus com outro dos Seus seguidores:

> *Ora, Tomé, um dos doze, chamado Dídimo, não estava com eles quando veio Jesus. Disseram-lhe, então, os outros discípulos: Vimos o Senhor. Mas ele respondeu: Se eu não vir nas suas mãos o sinal dos cravos, e ali não puser o dedo, e não puser a mão no seu lado, de modo algum acreditarei. Passados oito dias, estavam outra vez ali reunidos os seus discípulos, e Tomé, com eles. Estando as portas trancadas, veio Jesus, pôs-se no meio e disse-lhes: Paz seja convosco! E logo disse a Tomé: Põe aqui o dedo e vê as minhas mãos; chega também a mão e põe-na no meu lado; não sejas incrédulo, mas crente. Respondeu-lhe Tomé: Senhor meu e Deus meu! Disse-lhe Jesus: Porque me viste, creste? Bem-aventurados os que não viram e creram* (20:24-29).

Nos dois casos, Jesus fez uma aparição especial a um de Seus seguidores — a Maria no jardim e a Tomé no cenáculo com a porta trancada. Maria e Tomé achavam que Jesus estava morto. Estavam preocupados com o Jesus do passado. Somente a presença física de Jesus iria convencê-los do contrário.

Estes que tinham se convencido sobre o que podiam ver ou tocar tiveram que aprender a adorar e amar pela fé. Eles não podiam se apegar à presença física de Jesus. Tiveram que aprender a se relacionar com o Salvador de uma maneira diferente.

Maria reconheceu a voz de Jesus quando Ele a chamou pelo nome. A ela, Jesus deu uma comissão: vá e conte. A Tomé, que se recusara a acreditar no testemunho dos outros discípulos, Ele o repreendeu suavemente: você creu porque me viu. "Bem-aventurados os que não viram e creram."

Maria Madalena

Quando eu era criança, meus pais me levavam à igreja quase todas as vezes que as portas estavam abertas. Nossa igreja tinha um forte ministério evangelístico. Todo culto terminava com um apelo público para os não-cristãos aceitarem a Cristo.

Todo verão, a igreja patrocinava seis semanas de reuniões em tendas, nas quais diversos evangelistas pregavam todas as noites. Em todos os anos, a nossa família nunca perdeu um culto. Não foi uma surpresa quando, aos oito anos, fui para frente numa reunião na tenda para pedir a Jesus que entrasse em minha vida.

Entretanto, o que era para ser uma fonte de grande paz, foi para mim uma fonte de grande tormento. Durante os dez anos seguintes eu estive infeliz. Tinha certeza de que Deus não ouvira minhas orações e não me tornara parte de Sua família. Ao ouvir todos os pregadores em visita à nossa igreja, comecei a pensar que me sentiria limpa do pecado se Deus tivesse realmente me perdoado. Eu não estremeci e nem senti a terra tremer, como os evangelistas descreviam as conversões de outras pessoas. Para mim, isso significava que eu ainda não era cristã.

Como criança e, mais tarde, adolescente, eu agonizava e orava. Eu queria a experiência que me confirmaria que Deus tinha, verdadeiramente, me perdoado e me tornado Sua filha. Não compreendia que cada pessoa tem a sua própria experiência.

Para algumas pessoas, a conversão acontece como a de Maria no jardim ou a de Tomé no cenáculo. Para outras de nós, vem a palavra de Jesus dita a Tomé: Bem-aventurados são aqueles que não viram nada espetacular e ainda assim creram. Comecei a compreender isso apenas vagamente depois do meu primeiro ano de faculdade. Experiências posteriores como esposa de pastor e como missionária me ajudaram a ver mais claramente que Deus lida com cada um de nós como indivíduos. Ele chama cada uma de Suas ovelhas pelo nome. Ele sabe exatamente o que precisamos enquanto andamos com Ele.

Esse é o nosso discipulado. Significa aprender a crer tendo ou não uma evidência tangível para continuar. Significa aprender a confiar que nosso soberano e amoroso Deus fará o que é melhor para nós, quer Ele o faça com alguma experiência dramática ou em silêncio.

Como Deus tem trabalhado em sua vida? O que você aprendeu sobre Ele que faz a diferença em seu viver? O que mudou em sua compreensão de quem é Deus e o que Ele está fazendo em você e por seu intermédio? Suas respostas a tais perguntas lhe dirão o formato do seu discipulado.

Mulheres e homens eram discípulos do Salvador em Israel há mais de dois mil anos. Eles o seguiam, o ouviam, aprendiam dele, serviam-no. Não temos a presença física de Jesus entre nós para ver, tocar e ajudá-lo como eles tiveram. Foi-nos pedido para "andar por fé e não por vista". Porém, o nosso discipulado pode ser tão verdadeiro quanto o deles. Temos a Bíblia para nos orientar e a comunhão de outros cristãos para nos apoiar e corrigir.

Jesus, o Mestre dos mestres, guia cada uma de nós de maneiras diferentes para aprendermos o que precisamos saber. Não existem duas pessoas com a mesma experiência de vida. Ele nos toma onde estivermos e trabalha conosco onde nos encontra, mas sempre com o mesmo propósito. Ele quer nos levar da ignorância sobre Deus ao conhecimento de um relacionamento profundo como Suas filhas. Ele nos leva de fé em fé a uma confiança inabalável no Deus vivo. Ele nos ensina a ver momentos difíceis como uma maneira de Deus nos levar a novas formas de pensar sobre nós mesmas e nosso propósito na vida.

Caminhamos com Deus diariamente como aprendizes para podermos distinguir o bem do mal. Prosseguimos para maturidade.

Maria Madalena

Questões para reflexão pessoal ou grupo de estudo

1. Maria Madalena viu Jesus e o ouviu chamar seu nome antes de ela o reconhecer. Como você pode reconhecer o Cristo vivo hoje?

2. O que significa "andar por fé e não por vista"?

3. Quando você olha para si mesma como aprendiz nas mãos do Mestre dos mestres, Jesus Cristo, quais experiências Ele tem utilizado para encorajá-la a continuar a segui-lo?

4. Como uma discípula no século 21, quais os objetivos que você gostaria de estabelecer para o seu aprendizado?

Reflexão pessoal

Reflexão pessoal

Reflexão pessoal